伝わっているか？

「伝える」から「伝わる」へ
考え方を少し変えるだけで、効果は劇的に変わる

その悩み、すべて、解決できます

部長に頼まれた仕事。徹夜して頑張ったのに、怒られた。
ケンカした友達に、どうやって謝っていいかわからない。
子どもにもっと勉強させたいのに、何を言ってもやる気を出してくれない。
彼女をホテルに誘いたいけど、どう言っていいのかわからない。
新しい商品の良さがどうしても伝えられない。
何日も考え続けているのに、アイデアが何も思いつかない。
周りは面白いことを言うのに、自分はつまらないことしか思いつかない。

ここにあげた悩みのどれか、あなたも、思い当たりませんか？


人は、毎日、仕事をして、普通に暮らしているだけで、いろんな悩みに直面します。そしてそれを解決したいと常に思い続けています。でもそのいろんな悩みが、実は1つの問題から生まれていて、そしてそれが意外なほど簡単に解決できることを、ほとんどの人が知りません。

その1つの問題とは何か？

実は、**あなたが、頑張って「伝えよう」としている、その意識なんです。**

みんな、伝えようとして、失敗する

僕の職業は、コピーライターです。

普段は、みなさんが目にしているテレビCMやWEB広告を作るために、毎日、何かを「伝える」ことばかり考えています。そんなわけで、コピーラ

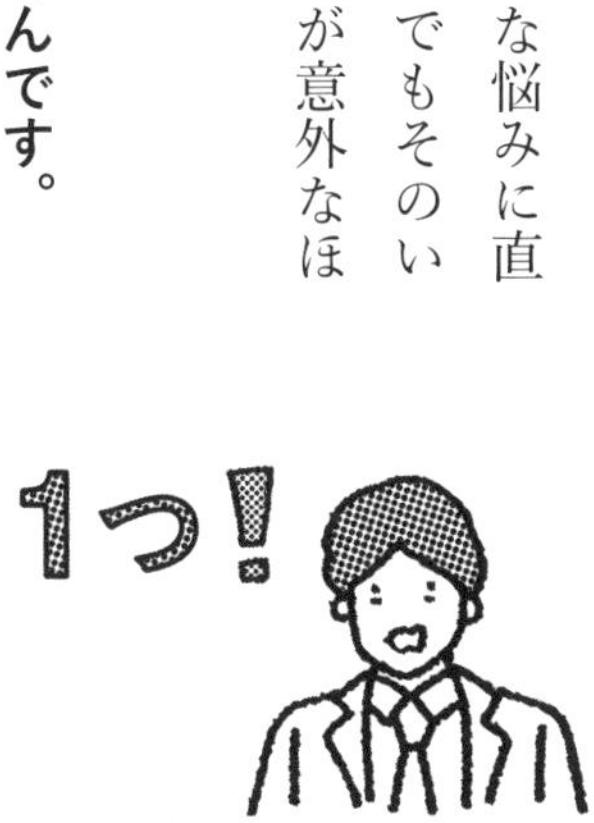

イターは普通の人よりもたくさんの「伝える技術」を知っています。

いわば、伝え方のプロです。

でもそんな僕たちでも「伝えよう」と思うと失敗します。

なんとかして「伝えよう」と思えば思うほど、うまくいかないのです。実は「コミュニケーションって難しいな」と思っている人のほとんどは、「伝えよう」として失敗します。一生懸命考えた結果なのに、逆に怒らせてしまったり、気持ちが間違って伝わったりしてしまう。仕事でも、恋愛でも、政治でも、本当に多くの人が、「伝えよう」として逆効果の結果を生み出し、途方に暮れてしまうのです。

それはなぜか？

答えは簡単。

「伝える」ことばかり考えると、結局、相手のことを考えず、自分の意思を押し通すエゴになってしまうからです。相手にとってみれば、こちらが押し付けたい内容を話されるのも、自分にメリットがないことを伝えられる

のも、面白くないし、聞く理由もないのです。そりゃそうですよね。好きでもない相手に何百回「好きだ」と言われても、ちっとも好きにならないし、ただウザいだけですものね。

答えは、いつも、相手の中にある

それとは逆に「相手に伝わること」を考えると、どうでしょう？「伝える」のは自分だけでもできますが、「伝わる」には相手が必要です。つまり「相手に伝わる」ようにするためには、相手のことをたくさん想像しなければいけないわけです。そうすると、相手が好きなことや、してほしいことがいろいろ思い浮かんで来ます。実は、そんな風に**「相手のしてほしいことを想像する」のがコミュニケーションには大切**なのです。自分にメリットのある話や、楽しませてくれる話なら、相手も喜んで聞いてくれるし、その結果、前向きに行動してくれます。このように、相手が興味を持ち、気持

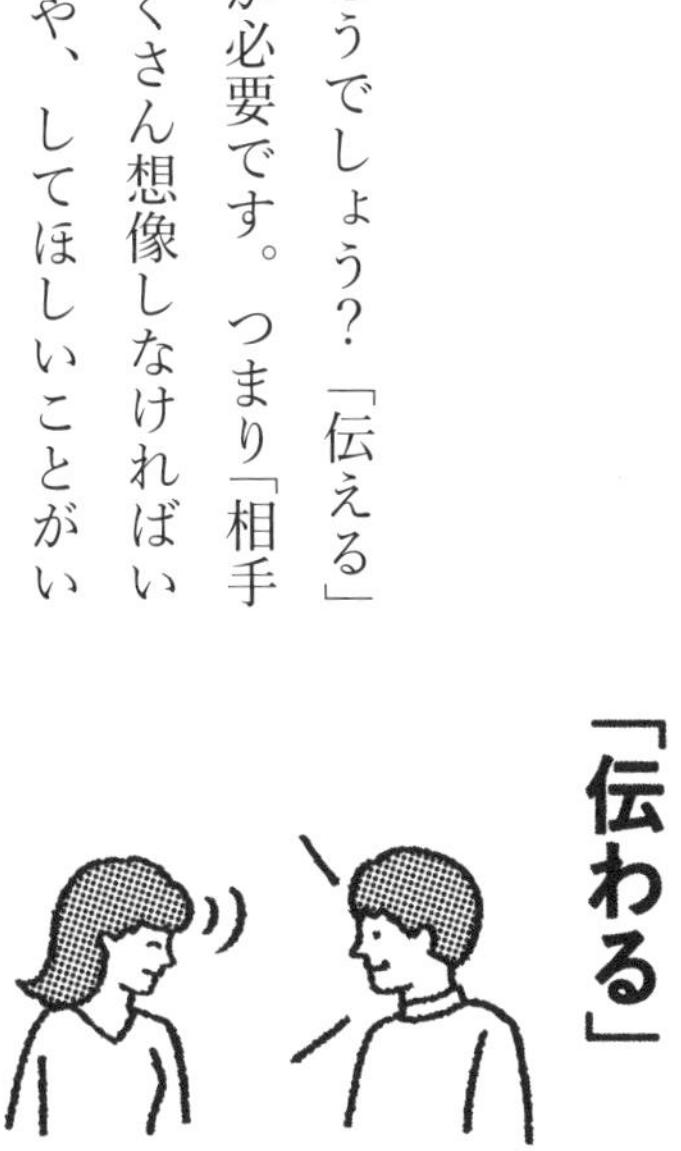

ちょく聞いてくれて、心が動く。それが「伝わる」ということです。
だからこそ**「伝わる」ためには相手の気持ちを徹底的に想像して、その人が嬉しくなって、心が動くアイデアを考えなければいけません。**ただ「伝える」だけでは嬉しくないし、その人がすでに知っている知識やよく聞く言葉を使うのも、相手が興味を持たないので「伝わらない」のです。

アイデアとは、日常生活の中の「おっ♡」

たとえば、ツイッターで自分が思わずリツイートした言葉を思い出してください。面白いネタでも、悲しい話でも、真実でも、バカ話でも、きっと、何かしら「おっ♡」と思える「共感」や「発見」があったと思います。その「おっ♡」こそが人のこころを動かすアイデアです。小さくていいんです。その相手の心を動かすアイデアがあれば、気持ちは伝わっていくのです。では、そのアイデアを考えるにはどうするか？　実は、簡単なコツがあります。

まず、**①相手が「おっ♡」と微笑む瞬間を想像する。そして、②相手が望んでいるコトと、あなたが伝えたいコトが重なる「共感ポイント」※を探す。**それだけです。その「共感ポイント」を意識するだけで、「伝わる言葉」が話せるようになります。たとえば、好きな人に「会いたい」気持ちを伝える時も、

今日、会える？

より

一分だけでもいいから、今日、会える？

と伝えた方が、相手はきっと喜びます。待ち合わせに遅刻した時にも

ごめん、遅刻した。向かってます。

より

ごめん。スタバで珈琲《コーヒー》飲んで待ってて。おごるから。

共感ポイント
全く考え方の違う相手であっても、絶対に共感できる点がある。そう考えることから「伝わる言葉」は生まれます。メソッド③「共感図（57ページ）」参照。

共感ポイント
「一分でもいいから」という熱い気持ち。

共感ポイント
「珈琲飲んで待ってて。おごるから。」という身銭を切った気遣い。

とメールする方が、相手の怒りは減るでしょう。上司の機嫌をとる時も

課長ってすごいですね…

より

最近、課長のマネして仕事してるヤツ、増えてますよね。
やっぱ目標ですからね。

と言った方が、課長はウキウキします。このように、思ったことをそのまま伝えるのではなく、相手が喜びそうな「共感ポイント」を意識して話せば、意外なほどすんなりと相手の心は動くのです。

実は、一度わかると簡単な「伝わる言葉」の書き方

共感ポイント
「マネしてるヤツが
増えてる」という、
新しい「よいしょ」。

でも、その「共感ポイント」の重要性がわかっても、それをどうやって考えればいいかがわからない。たとえわかったとしても、世の中はもっと複雑で、簡単にはいかない。そう思っている人がほとんどだと思います。

実は、そういう人のために、この本はあります。

正直なところ、僕も、かなりのコミュニケーション下手でした。会社の上司から、日に二度も三度も、「向いてないから辞めた方がいい」と言われていたほどのダメなコピーライターでした。でも、多くの失敗と試行錯誤を経て、**「伝わる言葉」のつくり方、使い方、考え方をまとめました。それが「伝わるメソッド」です。**僕はこのメソッドを20年前から考え続け、さまざまな講演会で話し、人に「伝わる」ように作り上げました。このメソッドの特徴はカンタンなこと。誰でもすぐに覚えられて、普段の生活ですぐに使えます。シンプルなので応用もしやすく、一度習得すると、仕事でも、恋愛でも、政治でも、何でも使えて、大きな効果を生むことができるのです。

言葉を変えれば、世界を変えられるかもしれない

※イギリスのＣＭで、盲目の老人が路上に出していたボードの言葉を変えるだけで、ものすごく寄付が集まるという話があります。「目が見えません。どうかお恵みを」という言葉を「今日もいい日だね。でも、僕にはそれが見えないんだ」という言葉に変えただけ。前者は、よく見かける言葉で共感を生まないけど、後者は「本当に悲しいことだ」という共感を生み、寄付を出そうという気持ちにさせる。これが、言葉の力だと思います。同じ目的でも、言葉を変えるだけで伝わり方が変わるのです。日々の悩みの解決はもちろん、日本を良くしたいという思いも、世界を変える新たなサービスも、言葉を変えればもっとスムーズに受け入れられるようになるのです。ちょっと大げさですが、僕は今回、「世界をいい方向へ変えるきっかけになれ！」と願ってこの本を書きました。**「伝わるメソッド」を使えば、コミュニケーションをもっとスムーズに変えることができます。そうすれば、正しいこ**

イギリスのＣＭ
purplefeather「the Power of Words」。まさに「言葉の力」を描いた作品だ。
https://www.youtube.com/watch?v=DhcrP1T9Um0

とや、大切なことがもっと伝わりやすくなる。人は前向きに動きだし、人生が変わり、そして世界が変わっていく。それがこの本に込めた思いです。

この本には、コミュニケーションの悩みを抱えた人々が登場します。そしてその悩みを「伝わるメソッド」で解決していきます。本を読み進めると「こんな悩みに、こういうメソッドを使えばいいんだ」と無理なくわかり、普段のコミュニケーションに応用できるようになります。

では、そろそろ「伝わる」世界の物語をはじめましょう。あなたの中にある「コミュニケーションは難しい」という呪縛が、「コミュニケーションは楽しい」という歓びに変わるように願いながら。

少しでも、言葉のすれ違いがなくなるように。
少しでも、人がわかり合えるように。
少しでも、争いがなくなるように。

コピーライター　小西利行

［目次］

はじめに　2

序章　14

第一章　伝わる言葉のメソッド

第一話　**人気のなかったナポリタンが、たった一日で人気商品になった理由とは？**　18

第二話　**ブサイクな男ふたりが、会社一の美人と合コンできた理由とは？**　50

第三話　**商店街の不法投棄ゴミが、たった一晩でなくなった理由とは？**　78

イルカとももこのカフェブレイク 1　98

第二章　伝わる仕事のメソッド

第四話　**何もない過疎の村に、突如観光客が押し寄せた理由とは？**　104

第五話　**ダメ社員のアイデアが、いきなり褒められるようになった理由とは？**　128

第六話　**お金を一円も使わずに、新商品が飛ぶように売れた理由とは？**　148

イルカとももこのカフェブレイク 2　168

第三章　伝わる考え方のメソッド

第七話　**離婚寸前の夫婦が、仲睦まじい夫婦になった理由とは？**　174

第八話　**嫌われ者だった部長が、部下に慕われる憧れの上司になれた理由とは？**　192

第九話　**潰れかけたゲイバーが、大繁盛した理由とは？**　220

最終章　伝わる心構えのメソッド

第十話　**考えるのが苦手だったももこが、頑張って考えるようになった理由とは？**　238

おわりに　244

メソッド索引　248

序章

ここは、東京のとある商店街にある、昔ながらのスナック。

最近では、不景気の煽りで泣く泣く昼の営業もやっている。

店の名前は「いるか」という。

30年ほど前に、オヤジが付けた名前だ。

ある時、アタシがもっといい名前に変えようと言ったらすごく怒られた。

どういう経緯で「いるか」なのか興味はあるが、未だに聞けずにいる。

アタシは店長のももこ。本名は、桃太郎。

勇敢な男になれと、オヤジに名付けられた。正直、迷惑な話だ。

大人になると、そんな気持ちに反発するように、

桃色の世界に導かれ、新宿二丁目という街に足を踏み入れた。

最初の店に10年ほどいて、それからは店を転々としてた。

二丁目にはかれこれ15年ほどいたことになるわけだが、

ある日、オヤジが倒れたという電話で呼び戻され、
このスナックのママを引き受けて、居座っている。
オヤジはと言えば、ケロッと病気も治り、南の島に行くとか言って旅に出た。
アタシが店を継ぐことになったので、ひと安心ってとこなんだろうが、
最近は客足が減って、お世辞にも繁盛してるとは言えない。
普段は年寄りの常連が数人と、
昼どきに入ってくる新規の客がぱらぱらといるだけ。
二丁目の派手さにうんざりしてたアタシにとって、
ようやくホッとできる居場所が見つかったのに、
このままでは店を閉めなきゃいけないっていう危機的状況だ。

いや…危機的状況だった。あの蒸し暑い日の出来事が起こるまでは…

何が起こったかって？

ちょっと想像がつかないだろうが、
イルカが入ってきたんだ。突然、偉そうに。

なんだ、
しょぼくれた店だな。
ま、とりあえず、
ノドが乾いたから
塩水でも飲むか。
ははは。キューキュー。

第一章　伝わる言葉のメソッド

仕事にも恋愛にも役立つ、
「伝わる」言葉の作り方。

第一章［第一話］

人気のなかったナポリタンが、たった一日で人気商品になった理由とは？

相談者　「スナックいるか勤務　ももこ（35歳）」

驚いたなんてもんじゃないわよ。イルカがドア開けて入ってきたら誰だって驚くわよ。あんた、どうせ商店会で作ったゆるキャラなんでしょ。わかるわよ。隣町にオ

ープンしたショッピングセンターに客取られて、会長、焦ってたもん。まあ、うちの店の名前を使うのはいいけどさ、他のお店が怒るんじゃないの？ それに、商店会の起死回生のアイデアが、そんな目つきの悪いイルカだなんて、ほんとセンスないわよ。ぜんぜんゆるくないしさ。表面がツヤツヤしててリアル過ぎるのよ。どうせ寿司屋の源ちゃんとかが入ってるんでしょ？ チャックとか見せなさいよ。うわっ、ヌメヌメしてるじゃない。ここまで本物みたいにしなくても。え、本物？ …な訳ないじゃないの。本物だったら、魚類だけにギョギョギョー！ってとこよ。え？ イルカは哺乳類なの？ あんた意外と物知りね。まあ、この際どっちでもいいわ。それにしてもあんたなんでウチの店に来たのよ？

イルカ　約束があるからな。

ももこ　ふうん。誰かと待ち合わせとか？

イルカ　ちょっと違うが…

ももこ　まあいいわ。イルカのプライベートに興味ないし。

イルカ　それにしても、塩水はまだか？

ももこ　あんたね。塩水なんか飲んだらもっとノド乾くわよ。

イルカ　塩水が好きなんだ。

ももこ　まあ飲みたいんならいいけどさ。はい。

イルカ　ごくごく。キューキュー。うまい。

ももこ　ふうん…。やっぱり本物なのね。塩水飲むし、チャックもないし。

イルカ　驚かないのか？

ももこ　まあ、二丁目でたいがいのことにはナレたからね。宇宙人なら怖いけど、イルカなら、なんか親しみあるじゃない。それに不思議だけど、あんたには初めて会った気がしないのよね。…まあいいわ。ところでさ、ぶっちゃけ、なんで喋れるの？

イルカ　イルカだから。

ももこ　はあ？　それ、おかしいでしょ。喋れないでしょ、普通。

イルカ　普段は、人間に内緒にしてるからな。そもそも、コミュニケーションではイルカの方が上だ。

ももこ　あ！　それ知ってる！　超能力あるんでしょ。

イルカ　…超音波だけどな。

ももこ　どっちでもいいわ。コミュニケーションがうまいんなら、ちょっと相談があるんだけど。

イルカ　なんだ？

ももこ　客が来なくってさ。

イルカ　客？

ももこ　うん。きっと料理が問題なんだと思うんだ。アタシ、最近、この店継いだんだけどさ。とにかくマズいって評判なの。アタシ、料理がびっくりするほど下手なんだよね。

イルカ　ははは。キューキュー。それは致命的だな。

ももこ　でも、ナポリタンだけは奇跡的においしいのよね。食べてみる？

イルカ　じゃあ…頼む。魚介類多めで。

ももこ　わかった。魚肉ソーセージ多めにしとくわ。

イルカ　それは、魚介類じゃないけどな。

ももこ　ま、ともかくアタシのナポリタン、二丁目※でも人気でさ。100人のうち93人は頼んでたのよね。

イルカ　数字が細かいな。

ももこ　数えたことあるからね。でさ、この店でもみんながそのナポリタンを注文してくれたら、おいしい店ってことになるでしょ？　だから、最初はメニューにもナポリタンしか載せないようにしようと思ってたくらい。でもメニューが1つしかないとお客さんが集まらないからさ。結局、他のメニューもいくつか載せておいて、お客さん来たら、じっと見つめて、「ナ

二丁目
新宿二丁目のこと。日本でも屈指の歓楽街。ゲイバーなども多く、常にディープな賑わいをみせている。

ポリタン頼め〜」って念じるようにしたのよね。

イルカ　で、その結果はどうなんだ？

ももこ　目が怖いって言われるし、他のメニューばっかり頼まれる。

イルカ　味は？

ももこ　激マズって言われる。

イルカ　ははは。キューキュー。ま、とりあえず、そのメニューを見せてくれ。

ももこ　これよ。

イルカ　ああ、こりゃ論外だ。まあ、そのボラ※並みの頭じゃわかんないか。ははは。キューキュー。

ももこ　ボラ…？

イルカ　とにかく、あんたはナポリタンしか頼んでほしくないんだろ？

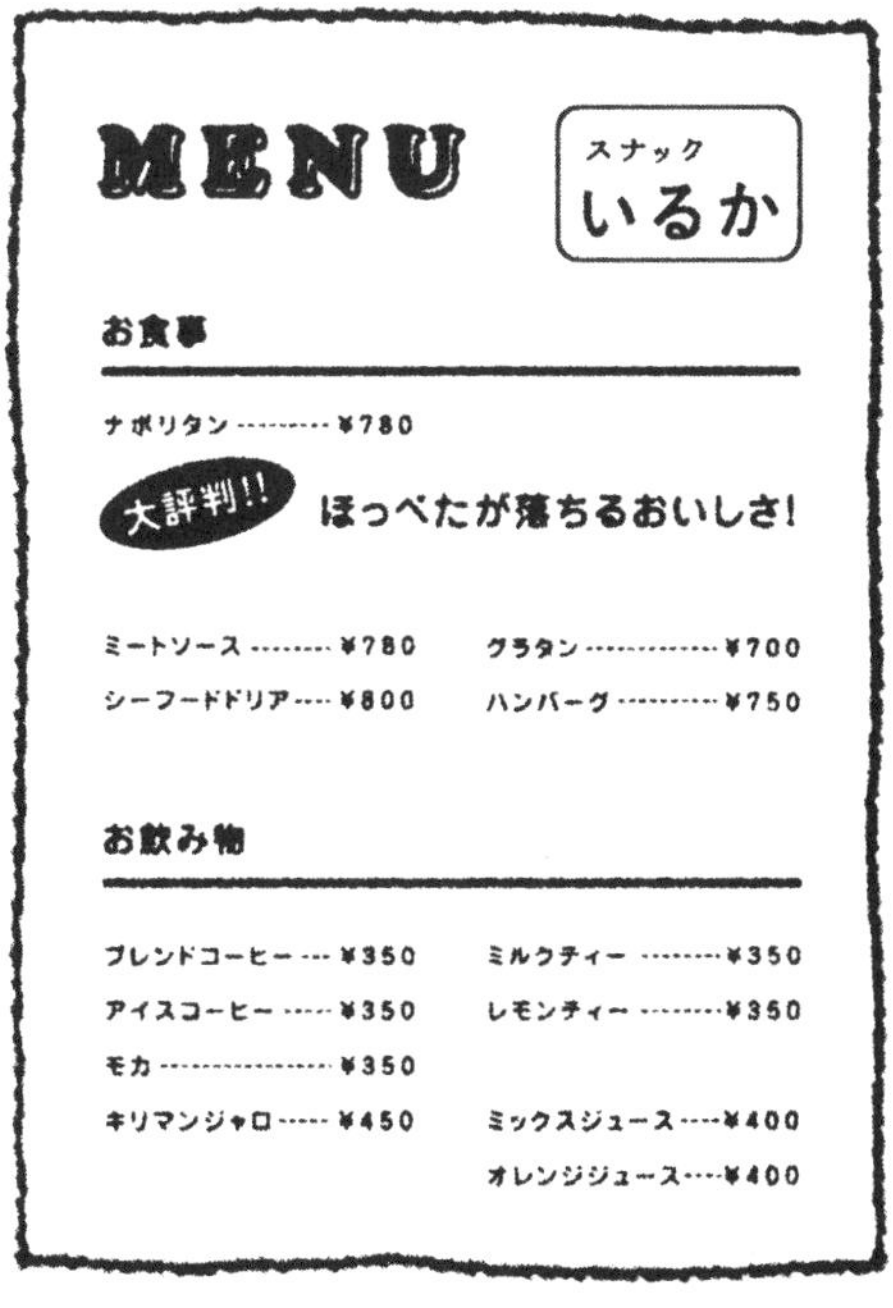

※ボラ
ボラ目・ボラ科に分類される魚の一種。海の中では、いつも集団でボーッと泳いでいるんだ。

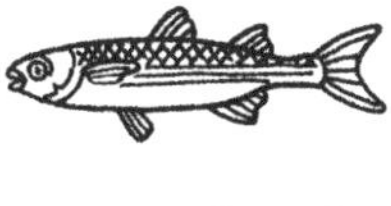

ももこ　そうよ。

イルカ　その気持ち、**伝わっているか？**

ももこ　いきなりのドヤ顔ね。何がいいたいのよ？

イルカ　まずは基本から話そう。まず、あんたがメニューに書いたのは「いらない言葉」※だ。

ももこ　いらない？　それ、どういうこと。

イルカ　「大評判！」って書いてあっても、当たり前すぎて、「食べてみたい」とは思わない。「ほっぺたが落ちる」はよくある言葉だから、つまらない上に、うそ臭い。どちらの言葉も、**あってもなくても何も変わらない上に、逆効果になる。そういう言葉は「いらない言葉」なんだ。**

ももこ　…なんかヤな感じ。

イルカ　**パターンでつまらない言葉を人は無視するからな。**たとえば、電

※いらない言葉
実は世の中にある言葉のほとんどは、いらない言葉。会社の書類とか駅のポスターなんかいらない言葉だらけ。みんな何か書かないと不安だから、隙間を埋めてるだけなんだ。でもそれは逆効果。それを意識するだけで、言葉が上達するぞ。

車の中にはたくさんの広告があるだろ？　でも電車を降りた後で聞くと、ほとんどの人が、そのうち3つも覚えてない。そのぐらい、※人はいらない情報を無視するんだ。

ももこ　確かに…。覚えてないかも。

イルカ　「いらない言葉」を意識するのは大切なんだ。文章を書く時に**「いらない言葉」をなくそうと思うだけで、メキメキと文章が上達する。**「いらない言葉」が多いと、面倒に感じて文章を読みたくなくなるし、読んでも、混乱させるだけだからな。

ももこ　そうかもしれないけど、考えてるうちに、何をどう書けばいいかわからなくなるのよね。

イルカ　ぜんぶ必要な言葉に思えてくるんだろ？

ももこ　そうそう。

イルカ　じゃあ、難しく考えずに、**相手が「おっ♡」と思うように、書けばいい。**それなら相手に伝わるし、いらない言葉じゃなくなる。

※人はいらない情報を無視する
人は、目で見たものや耳で聞いた膨大な情報のうち、いらないモノを無視するようにできてる。覚えるのは、有益なことや面白いこと。つまり自分に「必要なこと」だけ。見ているはずの電車広告のほとんどを忘れてるのは、つまり、そこに書かれてる言葉が必要じゃなかったってことだ。

ももこ　簡単に言うけど、それって難しいでしょ。

イルカ　いや。メールを送る時、いつもやってるだろ？　どう書いたら相手が驚くかな？　とか、喜ぶかな？　と思って、言葉を選んでるはずだ。

ももこ　まあ確かに…、そうやってメール書いてるわね。

イルカ　それが、言葉のアイデアをつくる方法だ。

ももこ　言葉のアイデア？

イルカ　そう。**相手を想像して、普段使ってる言葉で相手に「おっ♡」って思わせる。それが、言葉のアイデア。難しい言葉なんか一切必要ない。**

ももこ　正直、よくわかんない…

イルカ　じゃあ、たとえば、ここに妻から夫に宛てた2つのメールがある。内容が気になるのはどっちだ？

ももこ　そりゃ、2つめよ。何があったのよ！　って感じ。

イルカ　そう。2つめなら、普段は妻のメールを後回しにしてる夫でも、驚いて中を見るはずだ。でも別に特別な言葉を使ったわけでも、派手な演出をしてるわけでも、奇をてらった写真があるわけでもない。普通の言葉で表現してるけど、気になって、読みたくなる。そんな風に、相手が「おっ♡」っと思って心が動くのが、言葉のアイデアなんだ。

ももこ　ふうん。ちょっと面白そうだけどアタシに何の関係があるのかはわからないわね。それより、このメールの内容、何だったのかな？

イルカ　ははは。キューキュー。まあ、旅行に行きたいとか書いてあったってことにしておこう。

ももこ　それじゃ、夫は怒るでしょうね？　でも、ホッとして、旅行に行くかな…？　でも近場よね、絶対。で、その夜は、「お仕置きだ！」とか言って盛り上がるのかしら？

イルカ　まあ、妄想はそのぐらいにして、話をナポリタンに戻そう。

ももこ　…わかった。

イルカ　あんたのつくるナポリタンの特徴はなんだ？

ももこ　いたって普通の、庶民のナポリタン。高級でもないし、ケチャップで炒めるだけ。あと店の維持費があるからそんなに安くできないのよね。

イルカ　なるほどな。じゃあその、いたって普通のナポリタンが、どうやったら、みんなが頼むようなナポリタンになるかを考えればいい。答えは簡単だ。

ももこ　簡単じゃないでしょ？

イルカ　いや、簡単。普通のナポリタンを、特別なナポリタンにすればいい。※**普通より、特別な方が、欲しくなる。**

ももこ　特別な方ねえ…。まあ、今は二丁目の時と違って、特別に安い魚肉ソーセージ使ってるから、ある意味、特別だけどね。ふふふ。

イルカ　作り方の話じゃない。言葉のアイデアで特別にするんだ。

ももこ　どうやって？

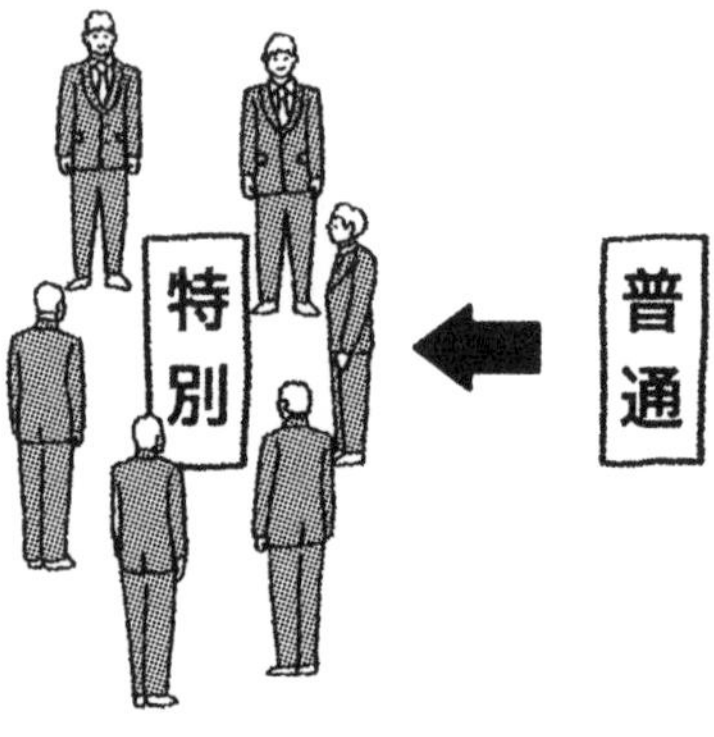

普通より、特別な方が、欲しくなる

特別には「限定」「最新」「独自」など、いろんなタイプがある。さらに、特別なモノばかりが増えると、普通が「特別」になるし、普通がずっと続いて「定番」になると、それはそれで特別になるんだよな。

イルカ　だけしか！

ももこ　な、何よ突然？

イルカ　**※伝わるメソッド①「だけしか」。言葉のアイデアで人を動かす方法の1つだ。**言葉を限定することで、「普通のモノ」を「欲しいモノ」に変えられるぞ。人は「限定」されると、特にいらないモノでも、突如、欲しくなったり、特別な存在に感じたりする。たとえば、

こだわりのハンバーグ

より

1日10皿限定。こだわりのハンバーグ

※あえて売る数を制限すると、「なかなか食べられないかも…」という枯渇感

伝わるメソッド①
「だけしか」
今だけ。ここだけ。あるだけ。これしか。あなたしか…など、限定することで、あたりまえのモノを、欲しいモノに変えることができる。「だけ」「しか」という言葉を使わなくても、同じような効果を発揮する方法もあるぞ。

あえて売る数を
制限する
この手法は、人に欲求を生むのにとても効果的だ。でも最近はこういう手法を使って、無理に人気店に見せてることも多いから注意が必要だけどな。

が生まれ、同時に「いま食べなきゃ」という欲求が生まれる。

ももこ　欲求ねえ…

イルカ　限定するだけで、普通のハンバーグよりも頼まれる可能性が高くなるんだ。もちろん嘘をついてるわけじゃないし、お客さんには「特別なものを食べた」という歓びも生まれる。

ももこ　なるほどね。言葉って、いろいろできるのね。

イルカ　「だけしか」は、伝わるメソッドの基本だ。

ももこ　ふうん。それ、面白そうだから、もうちょっと教えてよ。

イルカ　そうだな。他の例をあげてみよう。たとえば、

人気の旅館

より

1日3組だけしか泊まれない旅館

と言われた方が、いい旅館に思えるし、泊まってみたくなるだろ？

特別セール

より

特別セール。お一人様、1つまで！

の方が、おトクな商品に感じるし、買わなきゃ損だとすら思える。さらに、場所を限定する方法もある。

刺身定食

より

この港でしか食べられない、刺身定食

こう書くだけで、「今ここで」食べる動機になるんだ。他にも、

君が好きです。

より

一度だけ言うよ。君が好きです。

のように、回数を限定すると、より強く気持ちが伝わる。こんな風に「だけしか」メソッドを使うと、普通の会話も特別に感じて、気持ちが伝わりやすくなるんだ。他にも「だけしか」を使って、人のやる気をアップすることもできるぞ。たとえば…

この仕事、頑張ってほしい。

より

この仕事を頼めるのは、君しか考えられない。
頑張ってほしい。

こうすれば、言葉だけなのに、気持ちよく、頑張ってくれそうだろ？

ももこ　確かに。アタシでも頑張りそうよ。

イルカ　さらに、「だけ」「しか」という言葉を使わない応用もある。たとえば、

富士山は美しい。

より

この角度から見る富士山は美しい。

フルーツのカクテル

よりも

マスターの田舎で穫れた旬のフルーツのカクテル

ももこ　へえ、おいしそう。そのカクテル、アタシも出そうかな？

イルカ　**普段知ってるモノでも、人・場所・時間を限定すると「特別なモノ」になる。**そして、それなら見てみたい、それなら食べてみたいという気持ちが生まれるんだ。特に「旬」は、日本人には良く効く限定だな。

ももこ　確かに、旬って言われると、今のうちに食べなきゃって思うわね。

イルカ　**特別なモノに、人は集まる**からな。

ももこ　限定かあ…。ちょっと言葉を変えただけなのに、全然違うのね。

イルカ　実は、小さな変化に見えるが、コミュニケーションは大きく変わってるんだ。**言葉を変えようとすると、自然と考え方が変わる。すると、話し方や答えが変わる。さらに、サービスや商品も大きく変わっていく。言葉を変えようとすることは、すべてを変えるきっかけになるんだ。**

ももこ　ふうん。今まで言葉のことなんか考えたことなかったけど、大切なのかもね。でも、アタシには難しそう…

イルカ　まあ、まずは難しく考えず、「だけしか」をつけてみればいい。それだけで、他の言葉よりも「特別」になって、人を惹きつけられるようになる。

ももこ　なるほどね。じゃあ、まずはウチのメニューも「だけしか」を使って考えればいいわけね。

イルカ　いや、「だけしか」は効果的だけど、それ以外の方法も知ってから考えた方がいい。短絡的で、ボラらしいな。ははは。キューキュー。

ももこ　じゃあ、早く言いなさいよ！

イルカ　まあ焦るな。それに答える前に、ちょっと違う質問だ。もし、たくさん仕入れた魚が売れ残ったとしたら、あんたはどうやって売る？

ももこ　何よ突然。…売れ残り？　あたし魚介類は、魚肉ソーセージしか仕入れないからなあ。

イルカ　それは魚介類じゃないと思うが…。まあいい。とにかく、今日売らないとダメになるってモノを、早く売るためにどうするかだ。

ももこ　わかんないわね。

イルカ　じゃあ答えを1つ言おう。

「こちら本日のおすすめです」だ。

ももこ　なにそれ？「本日のおすすめ」ってよく聞く言葉じゃない？

イルカ　そうだ。それが、売りたいものを売るための魔法の言葉。そう言われたら、何となく頼みたくなるだろ。もちろん、おすすめにはいいモノも多い。こだわった料理や自信のあるモノをおすすめする場合がほとんどだろう。でも、売れ残りや利ザヤのいいモノを売るために、店の都合でおすすめしている場合もあることは事実だ。「おすすめです」という言葉は人を動かす強い力があるから、ちゃんと判断しないと損するんだ。

ももこ　アタシ…いつもおすすめから選んでた。

イルカ　そういうもんだ。みんな言葉を鵜呑みにするからな。

ももこ　確かに知らないと損するわね。

イルカ　世の中にはうまくやるための方法論がある。それを知ってるヤツ

がうまくいって、知らないヤツが損をする。言葉の使い方もそうだ。伝わるメソッドを知ってるか、知らないかで格差が生まれるんだ。

ももこ　そうなんだ…。知らなかった。知ってたら二丁目でもっとうまくやれたかも。ママにもよく、あんたは言葉の使い方を知らないって怒られてたもの。

イルカ　まあ、それが普通だ。言葉について考えることがないから、格差があるなんてみんな知らない。

ももこ　そういうの、一度ちゃんと考えてみなきゃね。ところでこっちの話だけど、どうやってその「おすすめ」っていうのをアタシの店に応用するの？　メニューに「本日のおすすめ」って書くだけでいいの？

イルカ　ははは。キューキュー。それはダメだ。「本日のおすすめ」が毎日、ナポリタンじゃ、ウソくさくて効果がないだろ？

ももこ　じゃ、どうするの？

イルカ　「おすすめです」と言わずに、本当に「おすすめなんだ」と相手が思うようにする。しかも、毎日使える言葉で。

ももこ 何よその頓智みたいな話。結局どうするの？

イルカ その答えは…

ももこ 答えは？

イルカ **選ばれてマス！**

ももこ かわいそうに…エラ、はれてるの？

イルカ イルカにエラはない。

ももこ へえ、ないんだ。ギョギョー。

イルカ …これは、**伝わるメソッド②**※**「選ばれてマス」**。心を動かす魔法の言葉の1つ、「これ、みなさん、選んでますよ…」を使うメソッドだ。みんなに選ばれてるモノなら、それを選ぶ方が「安心」だと思えるだろ？　その気持ちを応用するんだ。

※伝わるメソッド②
「選ばれてマス」
人は迷った時、みんなが選んでいるものを、選びたくなる。選ばれているのなら「安心」して選べるってわけだ。とにかくみんな、失敗したくないんだよな。

ももこ　どうやって「安心」にするわけ？

イルカ　選ばれてることを伝えるだけ。

ももこ　それだけ？

イルカ　ただし、誰に選ばれてるかによって、方法は3つある。

Ⓐ　信頼のおける人に選ばれてマス！

Ⓑ　周りの人に選ばれてマス！

Ⓒ　世の中に選ばれてマス！

この3つのどれかを使うだけで、今はそれが「本当におすすめなんだ」と伝わるんだ。

ももこ　どうすればいいの？

イルカ　たとえば、Ⓐの「信頼のおける人に選ばれてマス！」で考えると…

全米が泣いた、感動ムービー！

より

店長のおすすめ！ 自分史上最高に泣いた映画でした！

の方が、借りたくなるだろ。いっぱい映画を見てるビデオ屋の店長さんに「おすすめ」されると「借りて当然のビデオ」と思える。ちなみに、本屋の店員さんがすすめる本が読みたくなるのも同じ心理だな。で、この心理を応用したのが「本屋大賞」※。本を売るために、あえて本のプロである本屋さんが選ぶという賞をつくったわけだ。他にも…

当店おすすめのワイン10選

より

ワインおたくの田中さんが選んだワイン10選

※本屋大賞
一般の文学賞とは違って、店員の投票によって受賞作が決まるんだ。「全国の書店員がいちばん売りたい本」というコンセプトが受けて広まった。この賞に選ばれる本は多くの部数を売り上げるんだよな。

の方が、はるかに買ってみたくなるだろ？ 今は、企業や大きなお店より、一人の「おたく」の方が信頼がおけるからな。

ももこ 確かに、人によって信頼できるかどうか、決まるわね。ワインおたくの選んだワイン、気になるもの…

イルカ 人選がうまくいけば、このメソッドは本当に効果的なんだ。じゃあ、次にⒷの「周りの人に選ばれてマス！」を使った言葉。これは、普段の暮らしや仕事で応用が利く。たとえば…

　ねえパパ、ウチの子も塾に行かせましょう。

　より

ねえパパ、ウチの子も塾に行かせましょう。
行ってないのウチだけだって。

と言われた方が、塾に行かせなきゃって気になるだろうし、これ、おすすめのファンデーションですよ。

より

これ、おすすめのファンデーションですよ。
実は、バイトの女子、全員買ったんです。

の方が、売れそうだろ？

ももこ　確かに、良さそうに聞こえるわね。

イルカ　人は、みんなと違うと心配になる。だから、**みんなが行ってる、みんなが持ってるという情報は、「そうしてれば大丈夫」という「安心」と、「そうしなきゃヤバい」という「焦り」を生む。その2つは強く心を動かすんだ。**

ももこ　でも、アタシは変わってるから、みんなと同じじゃイヤだけどね。

イルカ　まず、顔が変わってるしな。ははは。キューキュー。

ももこ　あんたね…

イルカ　じゃあ最後に、Ⓒの「世の中に選ばれてマス！」。実は、自分で気づかないうちにこのメソッドを使っている例も多いんだ。たとえば…

どう？　美味しい？

よりも

どう？　美味しい？　それクックパッドで一番のレシピなのよ。

こんな風に言われると、食べる側もちょっと嬉しくなるんだよな。さらに…

この店、評判らしいぜ。行ってみない？

よりも

この店、評判らしいぜ。食べログで4・2なんだ。行ってみない？

なんてセリフも最近よく聞くだろ？　お店を選ぶ時に、自分の「おすすめ」

だけでは足りないと判断して、世の中のお墨付きをプラスしてるわけだ。
他に、ビジネスに使ってる例だと…

100人のうち90人が、髪がしなやかになると答えたシャンプー

20代女性、売上No.1のツヤツヤ感リップスティック

1週間で100万人が訪れたショッピングセンター

のように、世の中の数字や事実を押し出して、興味をひく場合も多いんだ。

ももこ　アタシなんか、No.※1とか言われると、簡単に買っちゃうからなあ。

イルカ　今の時代、人はみんな、失敗したくないんだ。だからみんなが選んでるものを選ぼうとする。もし失敗しても、みんな選んでたものなら自分に言い訳ができるからな。

※No.1という情報
今は企業の「メッセージ」より「事実」の方が人の気持ちを動かす時代。だから多くの企業が必死で「No.1」や「満足度99%」などの事実を伝える広告をやってるんだ。

ももこ　アタシは人と違ってもいいと思うけどな。

イルカ　そうだな。人と違う方が個性的でいいとは思うが、まあこの時代は、「みんな同じ」が好きなヤツも多いってことだ。

ももこ　ま、世の中、人それぞれってことよね。でもこれ、確かにすごいんだけど、なんだか、騙されてるみたいで悔しいわね。アタシ、こういう言葉によくひっかかるから。

イルカ　その感覚は大切だ。人を騙さないことが伝わるメソッドの一番大切なことだからな。正直に言えば、伝わるメソッドを悪用すれば、人を騙すこともできる。でも人の気持ちを楽しい方へと動かすこともできる。もちろん、少しでも楽しい方を目指すんだけどな。

ももこ　楽しい方が、いいもんね。

イルカ　そのためにはまず、自分の伝えたいことが伝わるようにしないと。

ももこ　伝わるかあ…みんなわかってるのかな?

イルカ　いや、今はまだ、ほとんどの人が気にしてないだろう。だからみんな、好きだから好きと言ったり、嫌いだから嫌いって言う。やってほしいことをやってくれと頼み、買ってほしいから買ってくれとおねだりする。でもこれはすべて、コミュニケーションからすれば、大きな間違いなんだ。**みんなが「伝わる」ことに気づいたら、モノゴトがもっとスムーズになる。**

ももこ　正直、アタシは気持ちをそのまま伝えるのが一番いいことだと思ってた。でも、それじゃ伝わらないことも多いのね。二丁目じゃ、伝わんなかったし。…あ、ところで、結局、どうすればナポリタンばかり頼まれるんだっけ？

イルカ　そうだな。じゃあ、いま話した2つのメソッドを組み合わせて、こう書くのはどうだ？

お客さんの9割が頼む
伝説のナポリタン
今だけ復活！

ももこ　なるほど。「周りの人に選ばれてマス」と「今だけ」を使ったわけね。

イルカ　9割の人が頼むのなら、じゃあ、俺も！　ってことになるだろ？

ももこ　そうかもね…。でも、今だけって言っていいのかな？

イルカ　二丁目の頃のレシピを、本当に今だけ復活すればいい。

ももこ　じゃあ、普通のソーセージにするわ。

イルカ　あ、ついでにメニュー聞く時にウインクでもしてやれ。そうすりゃ、気持ち悪いっていう話題でシェアされてもっと客足が増える。それにしても、いたって普通のナポリタンはまだか？

ももこ　あ…ごめん。魚肉ソーセージ多めよね。今つくるから。

イルカ　…頼んだのは、魚介類多めだけどな。

ももこ　それにしても、イルカって、思ったよりすごいのね。いろんな技を知ってるし。

イルカ　伝わるメソッドだ。他にもいっぱいある。

ももこ　じゃあ、もうちょっとここにいて、いろいろ教えてよ。どうせ暇なんでしょ？

イルカ　…まあな。

ももこ　あ、約束があるんだったよね。…もしかして、メスイルカと待ち合わせとかじゃないでしょうね？

イルカ　ははは。キューキュー。だとどうする？

ももこ　そん時は…そうね。水槽でもつくって客を呼ぼうかな。

イルカ　悪趣味だな。でもこのパスタはうまい。塩水も、うーん、うまい。

ももこ　へえ。イルカもおいしい時は目をつぶるのね…。あれ？その顔、どっかで見たことがある気が…。やっぱり、どっかで会ったことある？

イルカ　気のせいだろ？どこにでもいるイルカだからな。

ももこ　まあ…そうか。気のせいね。

本日のイルカ語録

限定は、日本人の
大好物だな。

第一章［第二話］

ブサイクな男ふたりが、会社一の美人と合コンできた理由とは？

相談者　「サラリーマン　山田敦（25歳）」

「もしもし。ああ、先輩っすか。合コンですけど、彼女用事があるらしく断られました。スミマセン。え？　もう一度誘えって？　無理なら僕だけ残業？　そんな～いじ

めですよ」って、あ…切られた。弱ったな。いつも無茶ばかり言うんだから。は？「合コンならアタシ出てあげようか」…って。いやいやいや…結構です。ももこさん来たら、先輩からぶん殴られちゃうじゃないですか。あっ、いえ、こっちの話です。それに、先輩はももこさんのタイプじゃないと思いますよ。なんせブサイク界の王様っていうぐらいブサイクですから。それなのに僕の同期の社内一の美人を合コンに誘えってうるさいんすよ。彼女が行きたがってる店を調べて予約してたらしく、それがムダになるってカンカンなんです。まったく、決まってから予約しろっつーの。え？あのイルカに相談してみたらどうかって？あれ置物じゃないんすか。あ、動いてる。へえ、すごい。ナポリタン一皿で誘う方法を教えてくれる？ふうん、面白そうだから奢りますよ。

あつし　その皮膚、ＣＧですか？

イルカ　映像じゃないのにＣＧは無理だろ。

あつし　へえ…。喋ってる。特撮ってすごいなあ。

イルカ　それで、どう言ったんだって？　その美人の同期に。

あつし　あ…そうでした。「合コン行きませんか？」ですよ。

イルカ　ストレートだな。

あつし　とにかく強行突破しようと思ったんですよ。でも、秒殺でした。

イルカ　だろうな。ちょっと聞くが、あんたが合コンしたいって気持ち…

あつし　はい？

イルカ　**伝わっているか？**

あつし　あ…まあ伝わってはいると思ってますけど、何か？

イルカ　いや。きっとあんたは、**伝えただけで、伝わってない。**

あつし　はあ？

イルカ　まず、なんで断られたと思う？

あつし　まあ、唐突だったからでしょ？　ブサイクな先輩の話まではしてないし…。あ、もしかすると僕もブサイクだからかも。なんてね。

イルカ　確かにブサイクだ！　アンコウ※に似てる。ははは。キューキュー。

あつし　イルカって、可愛いけど、ムカつくんですね。

イルカ　でも、断られた理由はブサイク以外にもある。あんたは相手のことを考えて話してない。

あつし　いや。いろいろ考えましたよ。

イルカ　ぼんやり考えても彼女の気持ちにはなれない。とことんその彼女の立場で考えないとな。**答えは、いつも、相手の中にある。**あんたは「合コンしたい」という気持ちをただ「伝えた」だけで、相手に「伝わること」を考えてない。

あつし　伝わること？

アンコウ
主に水深30～500mぐらいの深海に生息している。「海の中でブサイクといえばアンコウだね」と、イルカ仲間では話してるんだ。

イルカ　そう伝わること。**「伝える」のと「伝わる」のじゃ、結果が全然違う。**
好きになった女のコに、突然「好きです」ってコクるのが「伝える」ってこと。好きだというこちらの気持ちに相手が共感して、こちらに好意を持ってくれるようになるのが「伝わる」ってこと。わかる？

あつし　正直、よくわかんないです。

イルカ　だろうな…。じゃあ、たとえば、あんたが先輩から仕事を頼まれるとして、どっちが引き受けやすい？

この仕事、やってくれ。

それとも

いつもお疲れさま。実は、この仕事、任せたいんだけど。

あつし　そりゃ、2つめでしょ。全然違うし。

イルカ　何が？

あつし　こっちを気遣ってくれてるし、任せてくれそうだし。

イルカ　でも言葉だけだろ？

あつし　そうですけど、でもそっちの方が嬉しいでしょ。

イルカ　そう。実はその「嬉しい」ってのが「伝わる」ためのキーワードだ。**できるだけ相手の嬉しいことを言う。そうすれば、気持ちが伝わりやすい。※「嬉しい」は「伝わる」の始まりなんだ。**じゃあ次に、ハードルをあげて、初めて彼女をホテルに誘うって時にはどっちが可能性ある？

ねえ、ホテル行かない？

それとも

ネットですごく評判になってるホテルを、頑張って予約したんだけど、行ってみない？　内装が超かわいいんだって。

あつし　これも2つめの方でしょ。1つめはストレートすぎて引くかも。

※「嬉しい」は「伝わる」の始まり

自分が思ったことを言うだけじゃ、相手には伝わらない。特に、お願いする時は、相手が嬉しくなるようにお願いする。そう考えるだけで、自分の気持ちが、スーっと伝わるぞ。

イルカ　まあ、ちょっとまどろっこしいが、女性にとっては2つめの方が嬉しいだろうな。行くメリットもあるし、「ホテルへ行く」ことへの言い訳もできる。さらに彼氏が頑張ってくれたんだと思えば、断りづらい。

あつし　でしょうね。ある意味ズルイ。

イルカ　大切なのは、自分の気持ちをそのまま言うんじゃなくて、彼女の気持ちを考えること。彼女が嬉しくなって、行きやすくなるようなお願いをするのが大切だ。そうすれば、気持ちはちゃんと彼女に「伝わる」。

あつし　まあ、なんとなく言ってることはわかりますけど。正直、今回、ボクが何をすればいいのかは全くわかりません。

イルカ　じゃあ、もうちょっとわかりやすく話そう。まず今回の「合コン」は一度断られてるから、ホテルに誘うのと同様にハードルが高い。だから、さらに深く彼女の気持ちを考える必要がある。

あつし　それが難しいんですよね。

イルカ　それがそんなに難しくない。ただ、自分が伝えたいコトと相手の望んでいるコトが重なる「共感ポイント」を考えればいいんだ。

あつし　そんなコトができれば相談してませんよ。

イルカ　じゃあ、この図を使うといい。

共感図！

あつし　きょうかん…ず？

イルカ　そう。**※伝わるメソッド③「共感図」**。この図に自分の気持ちと彼女の気持ちを想像して書き込むと、共感ポイントが整理されて、伝わる言葉が見つかる。

あつし　まあ、図はカンタンそうだけど…

イルカ　使い方もカンタンだ。まずは、それぞれの部分を書いてくれ。

あつし　へえ。…これは確かに、頭が整理されますね。何を考えるべき

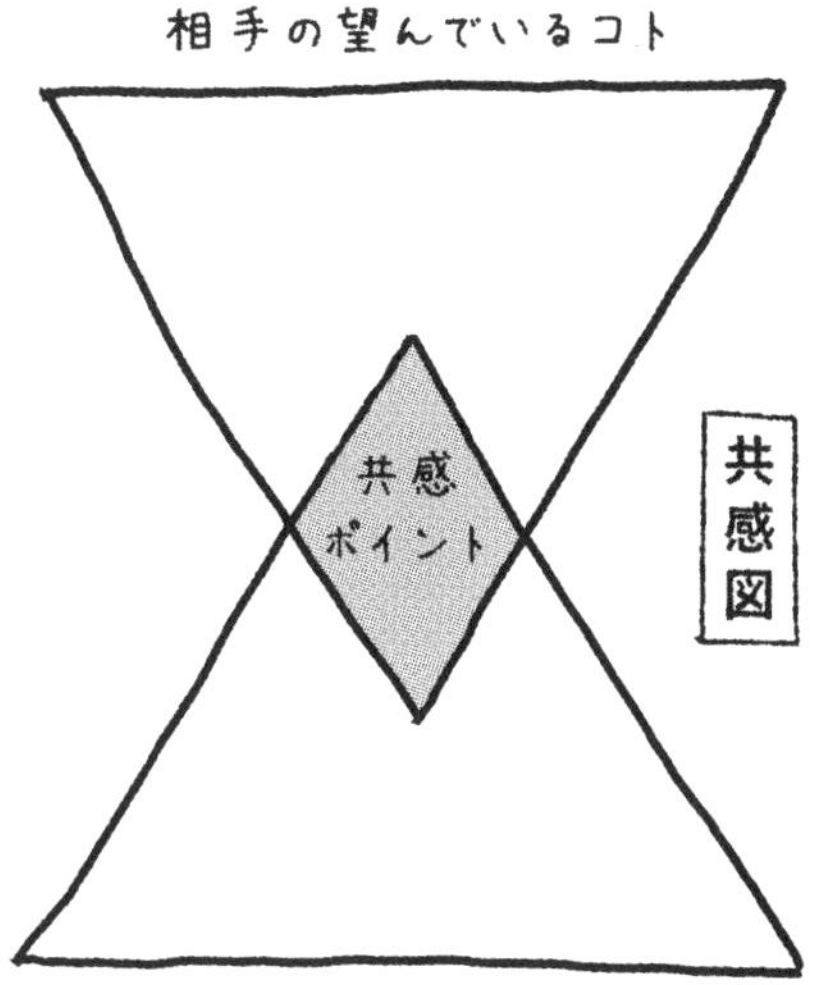

※伝わるメソッド③
「共感図」
これを使うだけで頭の中が整理されて、共感ポイントが考えやすくなる。個人の気持ちの整理から、企業の戦略を考える時にまで使える便利なメソッドなんだ。

かがわかりやすくなりました。これ、仕事でも使えそうだな。

イルカ　ああ、ビジネス※にも役立つ。

あつし　便利だな…。で、この場合は、真ん中の「共感ポイント」に、「行きたいお店に行ける」が入るってことなんですね。

イルカ　じゃあ、どう言えば、彼女にその気持ちが伝わると思う？

あつし　そうですね。「実は、キミが行きたいって言ってた店の予約が取れたんだけど、やっぱり合コンしませんか？」って彼女に言えばいいんじゃないですか？

イルカ　ははは。ある意味正解だ。でもそれだけじゃ、その美人は来ない。

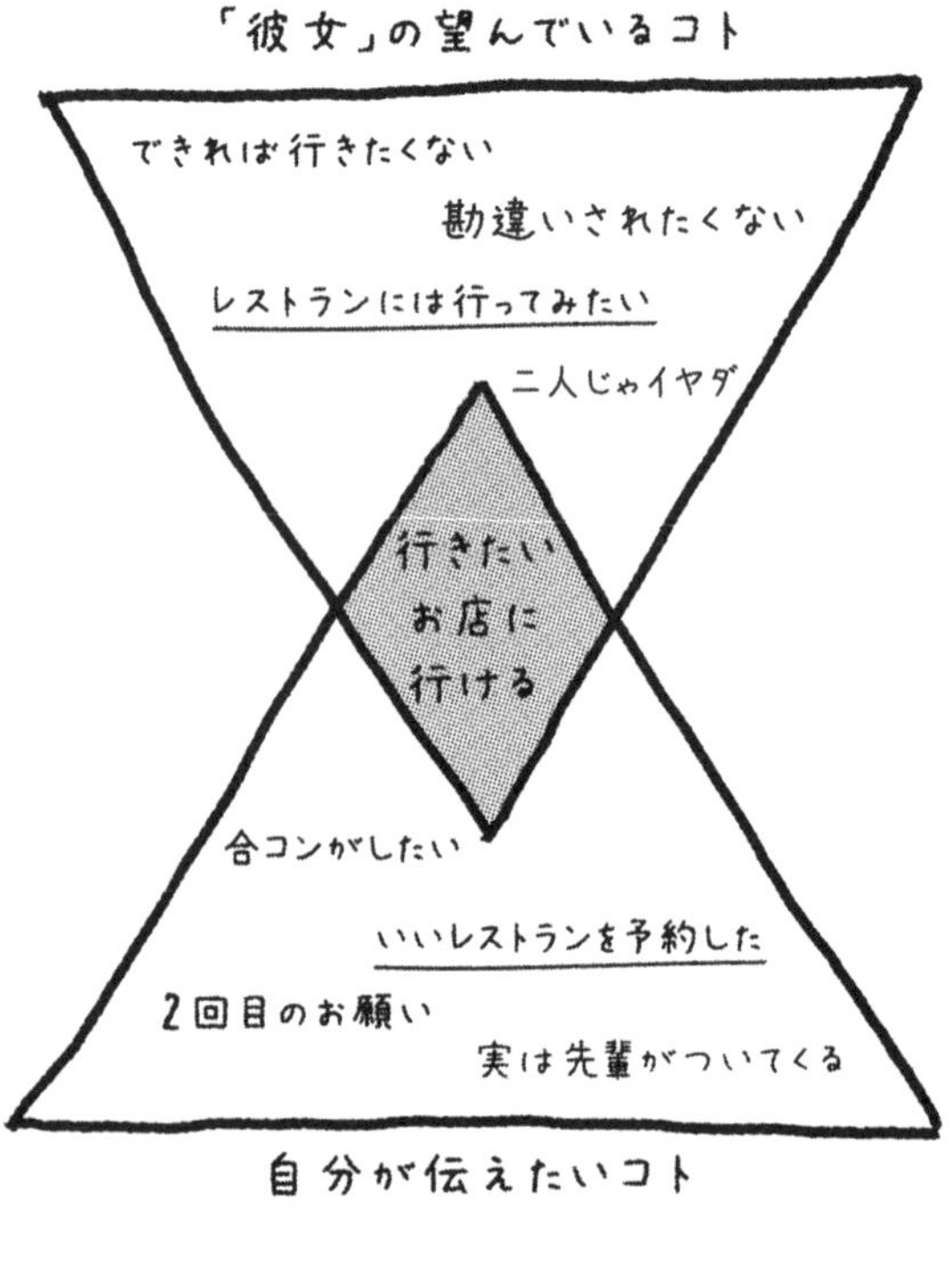

あつし　なぜですか？

イルカ　だって相手は美人だろ。あんたよりもデート経験も多いし、ガードが固い。つまり断り慣れてるってことだ。それに結局は合コンだから、あんたの下心が見える。

あつし　まあ、そうかもしれないけど…

イルカ　しかも同期だろ？　そうなると、他の社員の目もあるから、誘いに乗りにくいんじゃないか？

あつし　ちぇっ。いいと思ったのにな。

イルカ　もう少し深く考えれば、そこまで考えつくだろ。**みんな、その「もう少し考える」ってことをやらないから失敗するんだ。**

あつし　じゃあ、どうしろって言うんですか？

イルカ　まあ、俺が考える共感ポイントは「行きたいレストランに〝友達と〟行ける」だな。

あつし　「友達と」が増えただけですよね？　何か違います？

共感図は、ビジネスにも役立つ

「共感図」はマーケティングや商品開発にも効果的だ。仕事で使う場合は、上段に「世の中のニーズ」、下段に「企業から提供できること」を整理して、その接点（争点）を探ればいい。企業で使う場合は「争点図」と言ってもいい。

イルカ　全然違う。俺なら、ちょっと長いが、こう言う。

行きたいって言ってた
レストランの予約が取れたから、
食事でもどうかなと思って、
もう一度誘ってみたんだけど…
友達誘ってくれてもいいよ。
こちらも誰か連れてくから。

あつし　まあ、確かにさっきよりも下心が見えにくいですけど…。彼女来ますかね？

イルカ　たぶんな。まずこの場合、目的が「合コン」じゃなく「レストラン

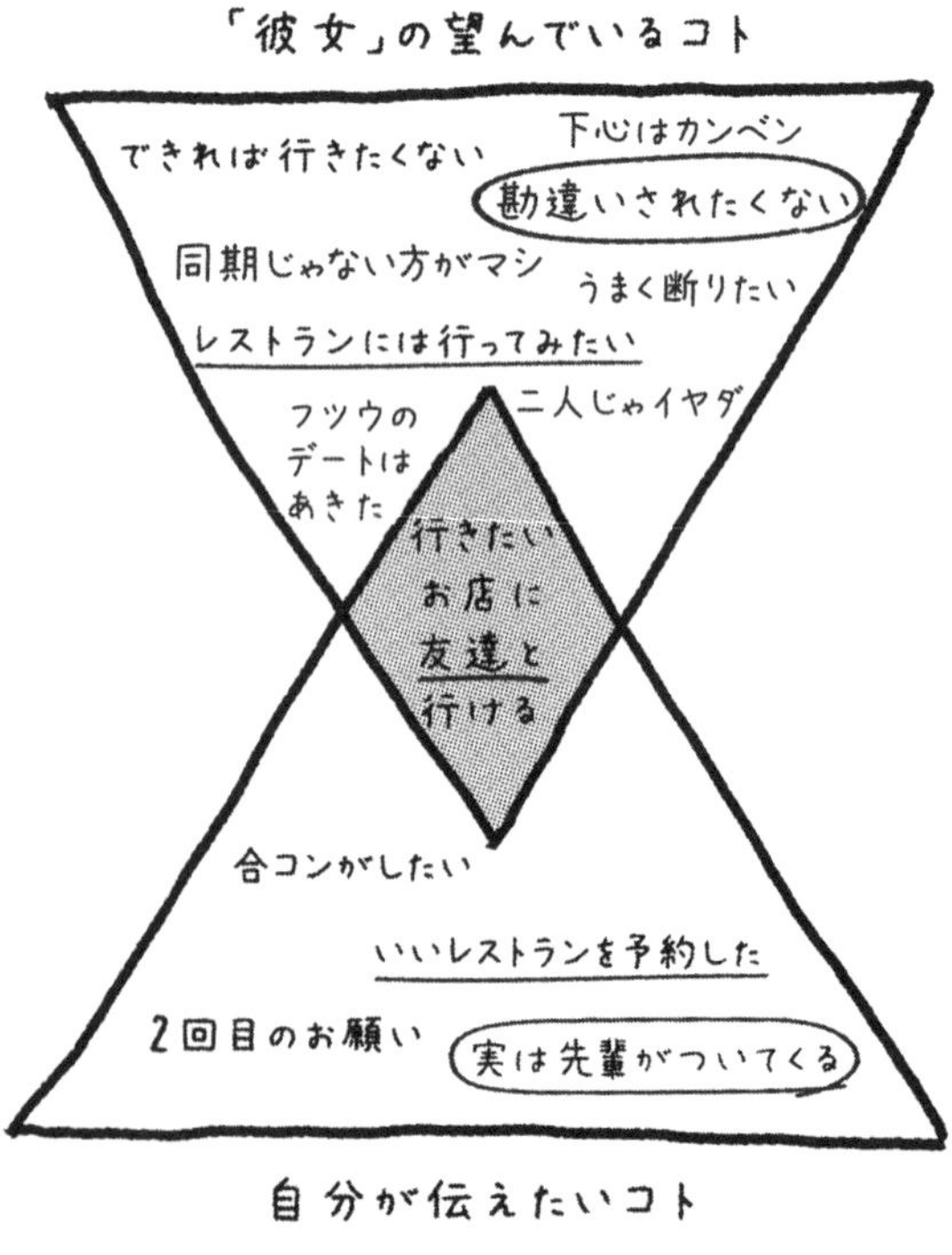

に行くこと」に思える。そこが大切。でもさらに大切なのは後半の言い方だ。

あつし　後半って…友達誘うってとこ？

イルカ　そう。それが相手の心を動かすポイントだ。**大切なのは、相手のことを考えるんじゃなく、※相手の立場で考えることなんだ。**

あつし　ふうん。

イルカ　その顔じゃわかってないな。

あつし　はい、わかってません。

イルカ　まあ、説明してやろう。まずその美人を誘うと相手は「二人で行くのは困ったな」と思う。だって、二人は嫌だろう。イケメンならまだしも、その顔だからな。ははは。キューキュー。

あつし　やっぱり、ムカつくんですけど。

イルカ　いい店だし行きたいけど、好きでもないヤツとパーソナルな関係になるのは避けたい。どうしよう…と相手は思ってる。そんな時は…

あつし　そんな時は？

相手の立場で考えること
相手のことを考えるのと、相手の立場で考えるのとでは、結果がまったく違うんだ。これについては、メソッド⑮「なりきり（179ページ）」参照。

イルカ　# アゲサゲ！

あつし　アゲ…アゲ？　フォー？

イルカ　違う。**※伝わるメソッド④「アゲサゲ」。人に何かのお願いをする時、最初にハードルを上げて、ムリめな要求をした後で、ハードルを下げて本当の要求をすると、すんなり通りやすい**んだ。

あつし　そういうもんですか。

イルカ　お願いを2つも断ると申し訳ないから、ハードルが下がったら要求を飲もうって気持ちになるからな。

あつし　へえ…

イルカ　さっきの場合、「二人で行くのかも…」とハードルを上げてから、「誰か友達を誘ってくれてもいいから」とハードルを下げるとどうなる？

あつし　それは…「助かった」と思うでしょうね。

伝わるメソッド④
「アゲサゲ」
お願いや駆け引きに効果的なメソッドだ。最初から「本当のお願い」をすると拒否される場合でも、要求のハードルを「上げて」「下げる」だけで、すんなり通ることが多いんだ。

イルカ　そう。それで、彼女としては「安心」を手に入れられるだろ？

あつし　確かに。

イルカ　先にキツイ条件を提示して、ラクな条件を提示すると、心理的に「それならいいかも」と思うようになる。さらにこちらも友達を連れて行くということで、パーソナルな関係からも逃れられる。

あつし　なるほど。

イルカ　それで美人が友達を連れてきてくれれば、一度も合コンとは言わないけど、合コンになってるだろ。

あつし　これ、すごいかも！

イルカ　これが「アゲサゲ」メソッドだ。

あつし　なんかチャラそうな名前だけど、深いですね…。それもうちょっと詳しく教えてくれませんか？

イルカ　そうだな。たとえば、嫌がる夫に部屋の掃除を頼む時も、リビングの掃除やってよ。

と頼むと、嫌がられるけど、

リビングとお風呂と寝室の掃除やってよ。（↑ハードルを上げる）

え？ 嫌なの？

じゃあ、リビングぐらいやってよね。（↑本当の要求）

と言われれば、思わず「はい」と言わざるをえない。まず要求のハードルを上げると、本当のお願いが通りやすいってわけ。

あつし　これ…面白い！

イルカ　この方法は、家庭内から※国際的なビジネスまで、いろんなところで効果がある。他にも例を出すと…

あなた海外旅行に連れてってよ！（↑ハードルを上げる）
無理なの？
じゃあ、温泉は？（↑本当の要求）
野菜はぜんぶ、残さず食べなさい。（↑ハードルを上げる）
嫌なの？
じゃあ、ニンジンだけは残さず食べなさい。（↑本当の要求）

この仕事、
明日までに１００ページでまとめてくれ。（↑ハードルを上げる）
厳しいか？
じゃあ、10ページならできるか？（↑本当の要求）

あつし　いきなり１００ページって言われたら泣きますね。

国際的なビジネスにも使える

日本人は駆け引きが苦手。海外の露天商とのやりとりでもすぐに引き下がるだろ？　それを日本人の美徳と言う人もいるが、でも本当は、自分の「要求」がちゃんと伝わるように考えるべきだ。国際的なビジネスでも政治でも、駆け引きがうまくなれば、もっとうまく進むこともあるからな。

イルカ　ちょっと極端だな。ははは。キューキュー。

あつし　でも、この駆け引き、面白いです。実戦で使ってみます。

イルカ　実戦って、どうせナンパか合コンだろ?

あつし　はい!

イルカ　返事だけはいいな。

あつし　会社でもそう言われます。

イルカ　まあいい。「アゲサゲ」は考えやすいから、実際に使ってみればいい。どんなコミュニケーションでも、思ったことをそのまま言わずに、「伝わる」方法を考えて、実践することが大切だからな。

あつし　へへへ。

イルカ　その顔じゃわかってないな。まあ、難しく考えない方がいい。まずは自分ならどう思うか? ってところから始めればいい。

あつし　あの…この「アゲサゲ」って、会社の人間関係でも使えますよね?

イルカ　まあな。このメソッドを知ってると、人に何か頼む時に、ギクシャクしなくなる。まあ他にも方法はあるけどな。

あつし じゃあ、それもついでに教えてください。

イルカ 図々しいな。

あつし 困ってることがあって。

イルカ どういう内容だ？

あつし 先輩が僕を残業させるために、ものすごい量の書類をまとめておけって言ったとして、その仕事を後輩にまるごと振って合コンに行く場合はどうしたらいいんでしょう？

イルカ え、えらくリアルな設定だな。

あつし はい。今回、合コンの誘いに失敗したらそうなりそうなんです。

イルカ まあ、失敗しないと思うが、ついでだから教えてやろう。まず、あんたが後輩に仕事を頼む場合、普段ならどう言う？

あつし そうですね…。ただの書類のまとめだから、仕事を任せるとか言えないし。「悪いけどこの書類まとめてくれる？」ですかね？

イルカ　自分が言われたらどう思う？

あつし　そりゃ…イヤですね。仕方なくやりますけど。

イルカ　あんたの後輩も、同じように思うだろうな。

あつし　でしょうね。じゃあ「アゲサゲ」を使って…

イルカ　いや。実は、そうやって人に何かを頼む時に使えるシンプルなメソッドがある。

あつし　と、言うと？

イルカ　**ごほうび！**

あつし　なんですか、それ？

イルカ　**※伝わるメソッド⑤「ごほうび」**。相手のメリットを伝えるメソッドだ。**自分のメリットが想像できれば、相手は自分から喜んで動いてくれる。**

たとえば、こう言われたらどう思う？

※伝わるメソッド⑤
「ごほうび」
相手のメリットを伝え、うれしい瞬間を想像してもらうことで、相手のやる気を生み出すメソッド。喜びを想像できれば、人はちょっとした困難も乗り越えられる。「やらないとごほうびがなくなる」ことを伝えるのも効果的だ。

今度、好きな店連れてってやるからさ。
悪いけど、この書類まとめてくれる？

あつし　僕は食べるのが好きだから、まあちょっとはやる気も出ますね。ほんとに連れてってくれるかな…とは疑うけど。

イルカ　じゃあ、こういうのはどうだ？

悪いけど、この書類まとめてくれる？
終わったら、5時前に帰っていいから。

あつし　あ、これはけっこう嬉しいですね。リアルだし、他の人よりも先に帰れるってのがちょっと優越感だし。これなら頑張るかもな…

イルカ　そう。**人は、ごほうびがあると、嫌なことを超えられる。**「受験

が終わったら、遊びまくるぞ！」とか「この仕事が終わったら飲みに行くぞ！」とか、ごほうびがあれば頑張ろうと思うんだ。その「ごほうび」を伝えれば、頼まれた相手は、苦しいお願いでも立ち向かってくれる。

あつし　ごほうびか…。当たり前だけど、思いつかなかったな。

イルカ　相手が自分のメリットをリアルに想像できれば、その嬉しさで心が動く。「ごほうび」メソッドは、**相手の立場に立って、できるだけリアルに、できるだけ嬉しいことを考えるのがコツだ。**

あつし　もうちょっと教えてくださいよ。

イルカ　じゃあ、わかりやすい例で、少し応用してみるか。

奥様、このネックレスお高めですけど、
品質がとてもいいんですよ。

これはよくあるセールストークだが、これではまだ奥様は買わない。大切な

のは奥様の立場になってリアルな「ごほうび」を考えてみること。たとえば、

奥様、このネックレスお高めですけど、
冠婚葬祭などにも使えて、重宝しますわよ。（←ごほうび）

この場合、ごほうびは「いろいろ使える」ということ。それがリアルに想像できたら、高価で悩んでる奥様も清水の舞台から飛べるってわけ。他にも、

この白いクルマいいでしょう？

では背中を押されないけど

この白いクルマいいでしょう？
買い換える時も高く売れますよ。（←ごほうび）

と言われれば、少しトクな気がして、背中を押される。さらに仕事でも…

部長、この書類を読んでください。

だけだと、その書類は机に置きっぱなしになるだろうが…

部長、この書類を読んでください。
いま、社長が興味を持たれている分野のことが網羅されています。（↑ごほうび）

これなら読んでもらえる可能性があがる。部長にとってのごほうびを「社長と話せる話題」にする。それが相手の立場で考えるってことだ。

あつし　確かに…うちの部長も読みそう。

イルカ　他に、こういう話もある。ある学校の絵画の授業で、小さな子どもたちに絵を描かせた。「素敵な絵だね」と褒めたりしたが、一部の子どもたちは遊びに夢中で一向に絵を描かなかった。でも、あることをきっかけにみんなが競いあって絵を描くようになったらしい。

あつし　どんなきっかけなんですか？

イルカ　額をつくって、そこに絵を飾った。

あつし　なるほど、いいごほうびだ。

イルカ　子どもたちは、いい絵を書くとあの額に飾られるのか！　と目をキラキラ輝かせて絵を描いた。額に飾るというごほうびがリアルに想像できたから、モチベーションが一気に上がったわけだ。

あつし　なるほどね。それは面白い。

イルカ　お、食いついてきたな。じゃあ、もう少し話そう。「ごほうび」を使いつつ、もっとやる気を出させる方法がある。

あつし　というと？

イルカ

ゲーム化！

あつし　大きな声になれてきましたが、ゲーム…ですか？

イルカ　そう。**伝わるメソッド⑥「ゲーム化」**※。こう言われたらどう思う？

この書類、高田と田中で半分ずつ、整理してくれない？
早く終わったヤツを、とっておきの店に連れて行ってやるからさ。

あつし　競争かあ…。なんかノセられるのは嫌だけど、まあ、本当に競争するなら負けたくないですね。

イルカ　そう。**人は、競争すると勝とうとする。**おとなしい人でも、勝負となると負けるのは悔しいからな。しかもその状況になると、**みんな、いやいやじゃなく、積極的に「勝つ方法」や「よりよい方法」を考えようとする。**

※伝わるメソッド⑥
「ゲーム化」
競争すると、人は、勝つためにアイデアを生むんだ。イヤイヤ参加してるものでも、いつの間にかのめり込む。ただの企画会議も、企画コンテストになった途端に、みんなの参加意欲があがったりするよな。メソッド⑬「イメチェン」（152ページ）参照。

この気持ちの変化を応用するのが「ゲーム化」メソッド。たとえば、社内の部署同士が競い合うと、どちらも業績が上がったりするんだ。

あつし　なるほど。でも、競争させられるってわかったら、ヤですね。個人の業績を壁に張り出してる部署もあるけど、あれ見ると悲しくなるし。

イルカ　そうだな。あからさまな競争は、逆に、やる気を落とすことにもなる。そういう時は「チームで競う」ようにするだけでも前向きになるし、「ごほうび」をうまく使うことで、やる気を生むこともある。

あつし　あ…、勝利チームはハワイ旅行！　とかですね。

イルカ　昭和の会社みたいなこと言うな。ははは。キューキュー。最近では、社内で企画コンテストを開催して、優勝したチームがその企画を「実現できる」っていうことを「ごほうび」にしてる会社もある。さらに、業績がアップするごとに、少しずつシールが増えていく…なんてカンタンな方法もある。ガソリンスタンドやファーストフードで胸のバッジにシールが貼ってあったりするだろ？

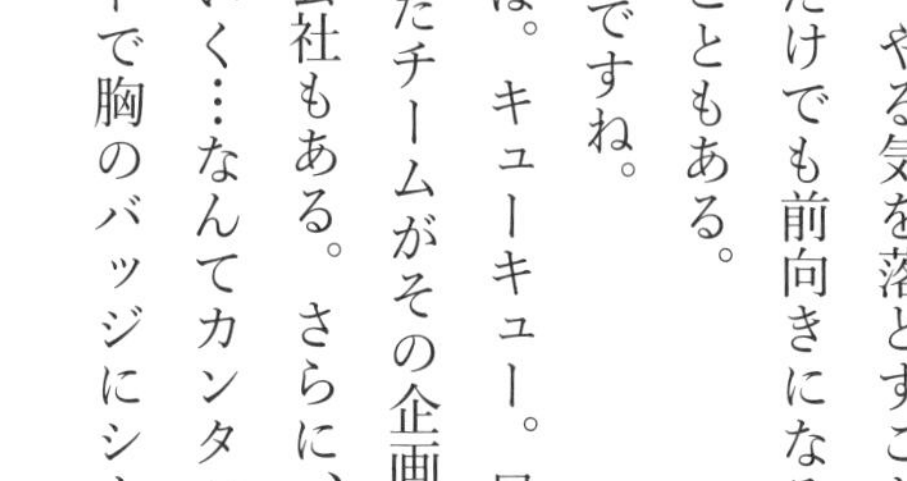

あつし　ああ…あれって、やる気を生む方法なんですね。

イルカ　そう。人は、小さな競争でも負けたくないし、少しでも上に行きたいと思うんだ。実は、勲章なんかも、これと同じ考え方なんだ。

あつし　なるほどな…。いろいろ考えて使ってみます。でもまずは、さっき教えてもらった「アゲサゲ」を使って美人を誘ってみますね。

イルカ　そうだな。ま、成功を祈る。

あつし　でも…こちらが連れてくる友達が、あのブサイク先輩だとわかったら、美人も腰抜かすだろうなあ。

イルカ　ははは。キューキュー。アンコウの顔してよく言うな。でも、そういう美人ほど、そういうブサイクが好きってこともあるぞ。

あつし　あそこまでブサイクだとそれはないでしょ。

イルカ　でも世の中、不思議なことが多いからな。

あつし　こうして、イルカに相談してることが、僕にとってはかなり不思議ですけどね。

本日のイルカ語録

助かった、は、OKのはじまり。

第一章 ［第三話］

商店街の不法投棄ゴミが、たった一晩でなくなった理由とは？

相談者 「商店会副会長 山田はなこ（43歳）」

だから嫌だって言ったのよ。商店会の役職なんか何も得がないでしょ。なのにうちのダンナは「付き合いもあるから」とか言うのよ。それで引き受けたらこれよ。知

らなかったわよ、不法投棄ゴミのことなんか。地権者どうしで揉めてて放置してるんですって。それで、ゴミが野ざらしなのよ。アザラシじゃないわよ。わかってる？小さなゴミだけじゃなくてデッカイ冷蔵庫とかあるのよ。死体なんか入ってたら大変じゃない。あ、看板立てたんだけど効果はゼロ。監視カメラも考えたけど費用がバカにならないし。民事だからって警察も市役所も手が出せないんだって。イライラするわよ。ダンナは近所にできたガールズバーの女にいれあげてるし。ああ腹がたつ。ダンナなんか我が家のゴミよ。不法投棄してやる。

え、話が違う？ ああ、そうよ。で、こうして来てるわけ。ほら、何でも解決するイルカさんって人、紹介してよ。え、あのぬいぐるみ？ 人の名前じゃないの？ ヤダ、尾びれが本物みたいに動いてるじゃない。

イルカ　あんた、その体型…

はなこ　何よ？

イルカ　※アザラシの家系だな。

はなこ　は？　アザラシ？　…なに言ってるの、このイルカ？

イルカ　アザラシであることは、何も恥ずかしいことじゃないぞ。ははは。
キューキュー。

はなこ　恥ずかしがってないわよ！

イルカ　ところで、不法投棄やめさせるために、看板に何て書いたんだ？

はなこ　まあ…いいわ。話を先に進めましょ。看板の言葉は、確か「ゴミ捨て禁止。見つけたら罰金30万円」よ。

イルカ　ふうん。そんなことしてもやめないな。

はなこ　どうしてよ？

イルカ　相手は、知ってて法律違反してるわけだから、違反だとか、やめましょうとか言っても聞くはずがない。見つからなきゃいいって思うだけ

アザラシ
北極海から熱帯まで生息している。成長すると3tにもなるヤツもいるが、おっさんのアザラシでも、顔は、意外なほど可愛いんだよな。

だ。まず、伝える相手を甘く見ないことが大切だ。

はなこ　まあ、確かに何の効果もなかったけど。

イルカ　そうだろうな。で、あんたは、不法投棄をやめさせたいんだろ？

でも、その気持ち…

はなこ　はい？

イルカ　**伝わっているか？**

はなこ　…イルカのキメ顔って初めて見たわ。

イルカ　まず、あんたがやるべきなのは、相手が「言ってもわからないヤツら」だってことをしっかり考えることだ。

はなこ　まあね。でもそうだとして、どうすればいいのよ？

イルカ　そういう時は…

はなこ　何よ？

イルカ　**喜怒哀楽！**

はなこ　きどあいらく？

イルカ　そう。**伝わるメソッド⑦「喜怒哀楽」**※。理屈で相手を説得するんじゃなく、相手の心の動きを使って行動を促す方法だ。

はなこ　なんか難しそうね。

イルカ　そんなことはない。**喜怒哀楽メソッドの基本は「喜び」なんだ。だからまずは「相手がうれしくなること」を考えて、言えばいい。**たとえば、

キレイにお使いください。

より

いつもキレイにお使いいただき、ありがとうございます。

いつもキレイに
お使いいただき、
ありがとうございます。

※伝わるメソッド⑦「喜怒哀楽」
伝わるメソッドの基本中の基本。まさに、相手の中に答えがあることをカタチにしたメソッド。嫌なことや恐怖を利用すると、非常に強く、相手を動かすこともできるぞ。

の方が、キレイに使いたくなるだろ？

はなこ　確かに。キレイに使わなきゃって思う。

イルカ　**相手がうれしいと思うことの基本は、感謝。「ありがとう」と言われると誰でもちょっと嬉しくなって、前向きに行動するんだ。**

はなこ　感謝されると、何かしてあげたくなるもんね。

イルカ　それが喜怒哀楽メソッドだ。感謝以外にもあるぞ。たとえば、

準備中

　より

いっしょうけんめい　準備中

の方が、頑張っている店の姿が伝わって、ちょっとだけ好きになるだろ。

はなこ　ラーメン屋でよく見るアレね。

イルカ　「一生懸命」という言葉を見ると、人は、誰かの頑張ってる姿を思い出して、応援したい気持ちになる。きっと昔のドラマとか自分の体験を無意識のうちに思い出すからだ。

はなこ　あたしはラグビードラマとか思い出すわ。

イルカ　「喜怒哀楽メソッド」は、そんな、頭の中に眠っている「思い出」や「心理」を利用する方法なんだ。まあ、一生懸命すぎて、デカすぎる声で「いらあっしゃいませええ！」とか言われると、俺はちょっと引くけどな。ははは。キューキュー。

はなこ　このメソッドって気づいてないだけで、結構、街にあるわよね。

イルカ　そう。注意して見れば、身の回りにいっぱいある。そうやって言葉を見つけるのも「伝わるメソッド」の練習の1つだな。

はなこ　なるほどね。ちょっと探してみるわ。

イルカ　よし、不法投棄の話に戻そう。…とにかく、ゴミを捨てさせなければいいんだったな？　でも、今の看板じゃ、効果はない。

はなこ　そうね。

イルカ　この場合、相手を考えれば、感謝しても意味ないから、相手が嫌がることを考える方がいい。でも、ゴミ捨て禁止とか罰金30万円じゃ、彼らは無視するから…

はなこ　だからどうすればいいの？

イルカ　まず、今の看板を、相手が本当にビビるように書き換えてみるのはどうだ？　たとえば、

はなこ　なにこれ？　鬼鮫組ってあのマル暴の？
イルカ　そう。これなら、ゴミを捨てる瞬間、ちょっとビビるだろ？「看板が本当だったらヤバい」という恐怖感が生まれるからな。そこで、一瞬、躊躇する。**ルールも理屈も通じない相手には、その、一瞬止まる気持ちを生むことが重要なんだ。**
はなこ　…バカらしいけど、確かに鬼鮫さんは、このあたりではみんなが

知ってる組だから、こう書かれればビビって捨てられないかもしれないわね。なるほど、こういうやり方もあるのか…

イルカ　極端な方法かもしれないが、あらゆるやり方を考えないと、本当に不法投棄を止めることなんかできない。**まともに伝えても伝わらない相手なら、まともに伝えないで伝わる方法を考える。**そこまでしないと何も伝わらない。

はなこ　あたりまえのコトじゃダメなのね。

イルカ　そうだな。人の気持ちの中にある「喜・怒・哀・楽・恐怖・快楽・常識・非常識・嫌悪感・罪悪感・好意・悪意・夢・思い出」なんでも利用するんだ。特にストレートな方法では伝わらない相手には、なおさらだ。

はなこ　まあ、理屈はわかるんだけど、どうすればいいんだか…

イルカ　そうだな、**相手に何かをやってもらう時は、「相手が求めているコト」や「嬉しいコト」を伝える。逆に、相手を止めたい時は、「恐怖」や「相手が嫌うコト」を伝えればいい。**

はなこ　相手が嫌うコトねえ…

イルカ　たとえば、子どもが夜に出歩かないようにするには、

　夜は危ないから外に出るな。

と理屈で諭すんじゃなく、

暗いところには、おばけが出るぞ。

と言った方が効果がある。子どもは、夜に出歩くなと言ってもつい遊びに出てしまう。だから「おばけ」という「恐怖」を使って、外に出たくないようにしたってわけだ。「おばけ」は子どもを守るために、昔から語り継がれた知恵でもあるんだ。

はなこ　へえ。子どもを危険から守るために真剣に考えた結果なのか…

イルカ　子どもは言うこと聞かないからな。

はなこ　まあ、ウチのダンナも言うこと聞かないけどね。

イルカ　それはともかく、子どもよりもっと扱いづらい相手の話をしよう。

たとえば、犯罪者をストップさせる方法もある。

はなこ　え！　どういうの？

イルカ　ある電車の路線で、痴漢を激減させたポスターの文言だ。

またまた痴漢逮捕。
これからもご協力お願いします。

これは「痴漢の心理」を徹底的に想像して作られたポスターだ。「痴漢は犯罪です」とか「痴漢アカン！」みたいなありきたりの言葉じゃなく、痴漢が心理的に「怖がる」ことを書いてある。たとえば「逮捕」という言葉は、彼らにとってもっとも恐怖だ。さらに、「またまた」で「結構捕まってるんだ！」

と思わせ、「これからもご協力よろしくお願いします」で「周りも協力してるのか！」という気持ちを生む。「喜怒哀楽」メソッドを本当にうまく利用した言葉だ。その結果、本当に痴漢が激減したわけだ。

はなこ　言葉だけなのに、本当に減るなんてね。わたし、言葉のこと、軽く見てたかも。

イルカ　誰でも、恐怖は避けたい。その気持ちは、理屈やルールよりも強い。その心の動きを応用すれば、犯罪を抑えて、世界をよい方向に変えることもできるんだ。

はなこ　奥が深いわね。

イルカ　この「喜怒哀楽」メソッドは、以前、佐々木くん※というヤツにも教えたことがある。彼も結構「伝え方」がうまくなった。

はなこ　誰それ？

イルカ　まあいい。ははは。キューキュー。大切なのは、相手の立場に立って、その人の気持ちや行動までを細かく想像してみること。その想像が

佐々木くん
佐々木圭一氏
コピーライター。『伝え方が9割』（ダイヤモンド社）

できれば、どう言えばそうするか？　どう言えばそうしないか？　がわかる。それを言葉にするだけだ。

はなこ　でも、ちょっと気になることがあるの。

イルカ　まあ、言いたいことはわかる。鬼鮫組の人が怒るかもしれないってことだろ。

はなこ　へえ、よくわかるわね。…やっぱりイルカには超能力があるのね。

イルカ　…超音波だけどな。

はなこ　どっちでもいいわ。正直、わたしが困ってるのは…

イルカ　わかってる。鬼鮫組に行くのは、多分、副会長のあんただ。だから、あんたは想像した。そんなこと怖くてできない。そうだろ？

はなこ　やっぱり超能力じゃない？

イルカ　コミュニケーションはとにかく想像することだ。※相手の気持ちになりきってみる。あんたの立場に立てば、何を思ってるかもわかる。

はなこ　そういうものなのね。ちょっと驚いたわ。

相手の気持ちになりきってみる
相手のために考えるのは、結局自分のエゴが入る。必要なのは、相手の立場ならどう考えるか、を考えること。メソッド⑮「なりきり（179ページ）」参照。

イルカ　それで…違う言葉だったな。じゃあ、モラルに訴える手もある。

3月2日この場所で
死亡事故が
発生しました。
目撃情報を
求めています。

人が亡くなった場所にゴミを捨てるなんて、普通の人にはできない。たとえ、法律を破るような人間でも、どこかで、人としての一線は踏み越えたくないって気持ちがある。それは理屈より、もっと奥深い場所にある感情だから、強い抑止力になる。ただし…

はなこ　ただし？

イルカ　人の死を使うのは、あまりオススメはしない。

はなこ　賛成。

イルカ　まあ、これは1つの例だ。喜怒哀楽や恐怖を利用すれば、人を動かすことも、動きを止めることもできる。後は、どれだけ想像して、それを実現するアイデアを生むかだ。

はなこ　まだ、不法投棄を止めるアイデアは思いついてないけどね。

イルカ　じゃ、これはどうだ？

はなこ　何？　ペンなんか取り出して、どうしたの？

イルカ　これをつくってみろ。

はなこ　鳥居？

イルカ　そうだ。心の中にある「バチがあたる」という恐怖を使う。これは日本人には特に効果がある。実は、いろんな自治体※ですでに「鳥居」を使って不法投棄の対策をやってるんだ。

はなこ　なるほどね。そういう手もあるのか。

イルカ　他にも「大きな花壇」をつくってゴミを捨て難くしている場所もある。この場合は「気が引ける」という感情を使ってる。花を踏みにじるのは、どんなヤツでも気が引けるからな。

はなこ　へえ、それもいいアイデアね。でもまずは、神社にお願いして、空き地になってる間だけ鳥居を立ててもらうように頼んでみるわ。ちゃんとお祓いして、こっちにバチが当たらないようにしてね。

イルカ　それは大切だな。

はなこ　それにしてもアイデアっていろいろつくれるのね。…ねえ、もう1つ聞いていい？

いろんな自治体で実施
不法投棄を防ぐミニ鳥居が、自治体や河川事務所などで実際に活用されている。効果はてきめんで、多くの場所でゴミが捨てられることがなくなったんだ。

イルカ　なんだ？

はなこ　実は、ダンナが商店街にできたガールズバーの女と浮気してるかもしれないんだけど…。それもなんとかならない？

イルカ　それには興味がない。自分で勝手に考えろ。

はなこ　なによ、ケチね。いいわ、自分で考えます。そうねえ…つまりは、あの女の立場で、一番嫌なことを考えればいいわけね。じゃあ…

ダンナと手をつないであの女の店の周りを歩きまわってやるわ。

どう、このアイデア？

イルカ　ははは。キューキュー。アザラシのアイデアにしては、悪くない。

はなこ　アザラシは余計なのよ！

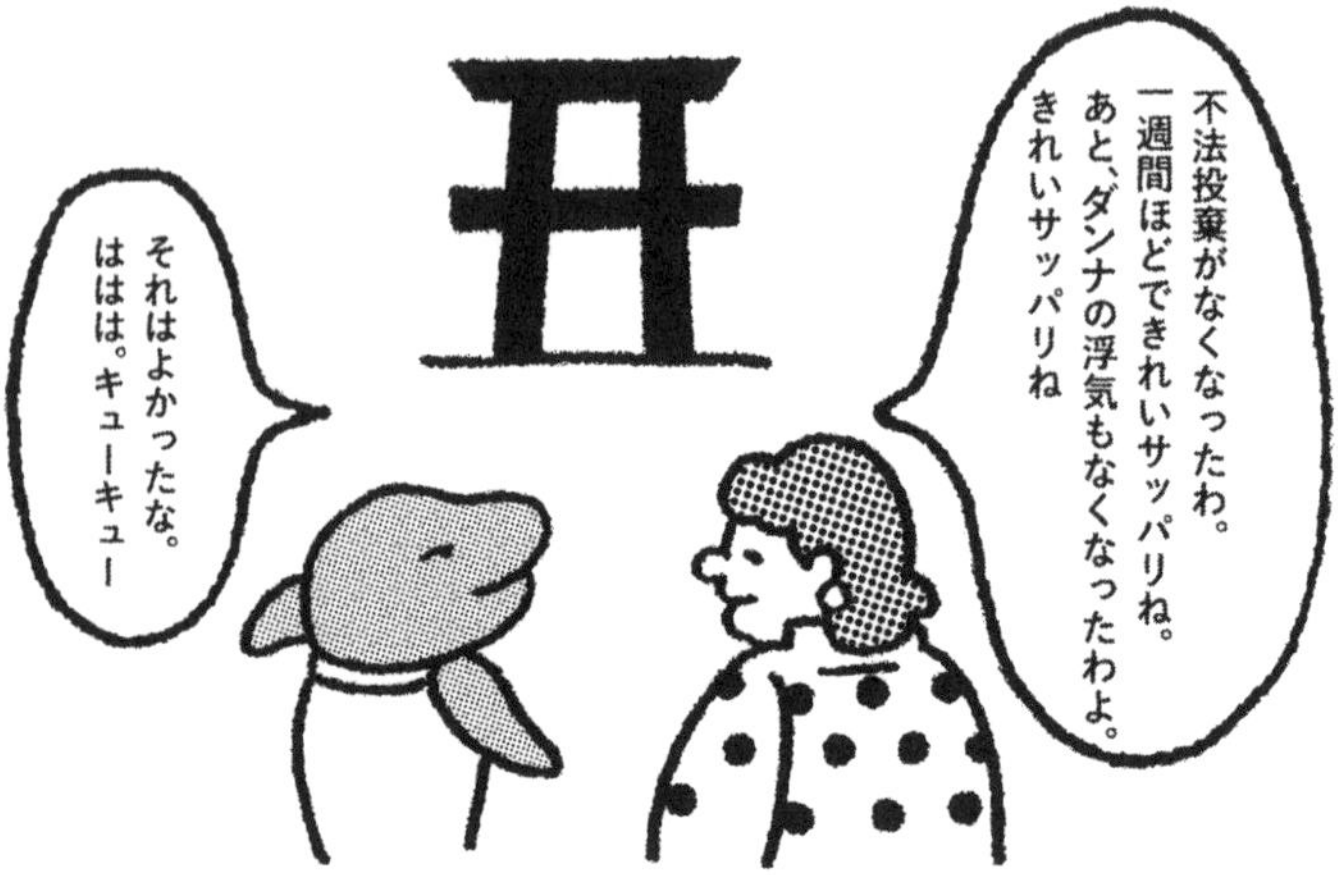
不法投棄がなくなったわ。
一週間ほどできれいサッパリね。
あと、ダンナの浮気もなくなったわよ。
きれいサッパリね
それはよかったな。
ははは。キューキュー

本日のイルカ語録

**喜怒哀楽に、
答えがある。**

イルカとももこ
の
カフェブレイク
1

フラれ続けてるんですけど
フラれなくなる秘訣ってないですか？

ももこ　あんたの噂を聞きつけて、相談のハガキが送られてきたわ。

イルカ　ラジオの電話相談室みたいだな。

> アタシ、フラれるんです。デートはよく誘われるんです。でも一度デートするだけで、その後が続かないんです。ニコニコ笑っててつまらないんでしょうか？　それとも、なんでも言うこと聞くからでしょうか？　とにかく、一度じゃなく、何度も誘われる秘訣ってありますか？

ももこ　共感するわあ。

イルカ　おまえ、そもそも、モテないじゃん。

ももこ　うるさいわね。解決できるメソッド、パパっと言いなさいよ。

イルカ　邪魔くせえなあ…

ももこ　じゃあ、ごほうびあげるわよ。はい、ボール。水族館で使ってるのもらってきたの。

イルカ　ツンツン…。ははは。ははは。キューキュー。

あ、思わずつついてしまった。

ももこ　じゃあ、メソッド言ってよ。

イルカ　仕方ない。**「続きはあとで」**は？

ももこ　続きはあとで？

イルカ　そう**伝わるメソッド**※**⑧「続きはあとで」**。テレビで、よく「驚きの結果はＣＭのあとで！」ってあるだろ？　あれと同じで、その先どうなる

※伝わるメソッド⑧「続きはあとで」
興味喚起→答えというリズムを意識すると人は飽きない。よく「つまらない話」と言われるのは、このリズムがなく、自分の思ったことをずっと話し続けているからだ。このメソッドを使うと、企画書や手紙でも、とても面白い文章が書けるぞ。

の？　と思わせるように話すと、人は結果が知りたくなって話の興味を失わないんだ。たとえば…

　今日はありがとう。楽しかった。じゃあ、また今度ね！

じゃ、次につながらないけど、

今日はありがとう。楽しかった。じゃあ、また今度ね。
そうそう、会社の女子があなたのことなんて言ってるか知ってる？
実はね…
あ、やっぱり今度、言うね。

ももこ　えーっ!?　なんて言ってるのか教えてよー！

イルカ　ははは。キューキュー。**聞きたい部分を残しておくと、人はそれ**

が聞きたくなって、コミュニケーションを続けたくなる。実は、これが面白い話をする秘訣。話が長くても、「興味喚起→答え」という流れなら、人は飽きないんだ。このメソッドの例は他にも…

99％ハゲは治る？　その秘密は次のページに→

前代未聞、驚きの値引き！　その驚きの価格はこちら→

部長、想像以上のアイデアが生まれました。これです→

彼との出会いの瞬間、実は、大変なことが起こりまして→

ももこ　最後のは、結婚式のスピーチに使えるわね。

イルカ　この方法を使えば、普段の話が面白くなるのはもちろん、インターネットの広告とかお店のチラシをつくる時も効果が上がるんだ。

ももこ　なるほどね。それで、結局、彼女はどうすればいいのかな?

イルカ　まあ、その場ですべて終わらせずに、次のデートに続くことを話せばいいんじゃないか?「あなたの好きなお店を予約しておくね」とか「次の時はもっと深い関係になりましょ。うふふ」とか。それだけでも、次に会いたくなるだろ。

ももこ　なるほどね。恋愛の参考にするわ。

イルカ　じゃあ、そろそろボールで遊んでいいか?

ももこ　ぞんぶんに、どうぞ。

イルカ　ははは。ははは。キューキュー。

第二章　伝わる仕事のメソッド

仕事が劇的に変わる、
褒められるアイデアの作り方。

第二章 ［第四話］

何もない過疎の村に、突如観光客が押し寄せた理由とは？

相談者 「村役場勤務 竹野内隆三（58歳）」

あれ、桃太郎君？ 大きくなったなあ。 おじさんのこと覚えとる？ 知らんよねえ。 あん時は小さかったからなあ。 3㎝ぐらいかな？ 冗談よ。 かっかっかっ。 今日

は、たまたま東京に来たもんで、久しぶりに寄ったんよ。お父さんは？　え、南の島に旅行中？　変わっとらんねえ。昔も、小さいあんた連れてよう行っとったなあ。そういやこの店の名前も、そん時の旅で思いついたって知っとった？　知らん？　まあ、小さかったしね。そうそう、おじさんねえ、今年から観光課の課長になったのよ。それで村長に、とにかく東京に行ってアピールして来いって言われてねえ。観光庁っちゅうとこに行ったけど相手にもされんのよ。仕方ないからスカイツリーに昇ったけど、あれはスゴいね。ああいうのが村にありゃ、人も集まるね。まあ、うちの村じゃとうていムリだろうけど。スカイツリーならぬ、すっかりムリーだねえ。かっかっか。なに？　そこのイルカがなんとかしてくれる？　客集めのための曲芸とかできんの？　村には水族館ないけど。

イルカ　まず、曲芸はできねーぞ。

竹野内　そうなんか。見たかったのにのお。曲芸も、すっかりムリーだねえ。かっかっか。

イルカ　ダジャレが、※クジラ級に大雑把だな。

竹野内　ん？　ワシは潮は吹かんぞ。ホラは吹くけどな。かっかっか。

イルカ　もういい。それでどのくらいなんだ、その過疎っぷりは？

竹野内　ええと、村の人口は40人。全員、年寄り。

イルカ　なるほど、※限界集落の限界を超えてるな。交通手段は？

竹野内　バスが1日2本。コンビニもないし。郵便局もない。あるのは山と畑だけ。かっかっか。

イルカ　笑い事じゃないぞ。そのままじゃ本当になくなるかもしれない。

竹野内　だから東京来て、観光の宣伝してもらおうと思っとったんだが。

イルカ　それで、村じゃ、何を観光資源にしようって思ってるんだ？

竹野内　それがわからんから、相談に来たわけさ。

クジラ
哺乳類のクジラ目に属する。頭の上の鼻から潮を吹く。近くにいるとブシャーっていう音がデカくて迷惑なんだ。動きもデカくて大雑把だけど、性格は意外とビビりなんだよな。

イルカ　そりゃダメだ。東京のお役所はそんなこと考えてくれない。そもそも観光誘致したい村とか町はいっぱいあるからな。

竹野内　それもわかっとるんだけど、ほんとに何もないからのお。あるのはジジイとババアと山と畑。それだけよ。かっかっかっか。

イルカ　なるほど。それは重症だ。

竹野内　重症っちゅうか、死にかけとるな。もう棺桶に両足を突っ込んどる。世界で一番なくなりそうな村かもな。でもなんとかせんと、ほんとに村がなくなるからのお…

イルカ　そのなんとかしたいという気持ち…

竹野内　ふむ？

イルカ　**伝わっているか？**

竹野内　…だから伝わっとらんやろうね。どう伝えていいかもわからんし、

限界集落
過疎化などで人口の50％以上が65歳以上の高齢者となっている集落で、日本にはたくさん存在している。お役所頼みにせず、みんながしっかりこの事実を知り、みんなで知恵を出し合ってこの問題を解決することが必要なんだ。

何をしていいかもわからんし。

イルカ　わかった。じゃあ、まず観光資源から探そう。食べ物はどうだ？ 名産の果物があるとか？ 米がうまいとか？

竹野内　ないのお…

イルカ　じゃあ、何か新しい名産品をつくるとか？

竹野内　それも、ずっと役場で考えとるが、何も思いつかん。

イルカ　何にも？

竹野内　ああ、何にも。

イルカ　なるほど。それはきっと、「考える方法」を知らないんだな。

竹野内　考える方法を知らん？

イルカ　そう。**思いつかないって言う人のほとんどが、実は、考える方法を知らない。**考えるフリをしてるだけで、本当は考えてないから、思いつくわけがない。

竹野内　失礼なことを言うな！ ワシらの村の未来がかかっとるんだぞ。

考えるフリなんかじゃなく、真剣に考えとるよ！

イルカ　でもどうやって考えてる？

竹野内　村の役員で寄り合って、ああでもないこうでもないと…

イルカ　一生懸命、話し合ってる？

竹野内　そう！　一生懸命、話し合っとるよ。

イルカ　それじゃ…たぶん解決しない。

竹野内　どうして？

イルカ　そもそも、**「考える」ってのは「頭を使って時間を過ごす」のではなく、「※目的にたどり着く方法をひねり出すこと」だ。**

竹野内　目的にたどり着く…？　ウチらはそれができてないと？

イルカ　残念ながらそうだろうな。一生懸命考えても、目的やターゲットが明確じゃないと、実現する方法を思いつけない。

竹野内　確かに、そういうのは明確じゃないが…

イルカ　本当に目的にたどり着きたいなら、まず、

目的にたどり着く方法をひねり出すこと

考えることは、山登りに似ている。どうすれば目的という頂上にたどり着けるか？　その方法を考え、道順を発見し、準備して、苦しんで努力しなければいけないんだ。

Ⓐ 使えそうな事実を書き出す

Ⓑ ターゲットを明確にする

Ⓒ はっきりした目標を描く

Ⓓ ⒶⒷⒸの順でたどり着く方法をひねり出す

竹野内　ふうん。なんだか大学みたいだのお。

イルカ　観光誘致を真面目にやるなら、このぐらいは考えた方がいい。

竹野内　はい、じゃあ教えてください。先生。

イルカ　先生はやめてくれ。まあ、まずⒶからはじめよう。あんたの村についてて具体的にいろいろ教えてくれ。

竹野内　人口は40人で全員年寄り。村は山と川ばかり。特産品はない。水はおいしい。昔は蕎麦の有名店があったらしいが今はもうなくなった。

イルカ　他には？

竹野内　他には何にもない！　かっかっか。

イルカ　自信持って言うことじゃないけどな…。まあいい、次はⒷのターゲットについてだ。で、いったいどういう人に来てほしいんだ？

竹野内　正直、来てくれる人なら誰でもいいな。

イルカ　それじゃ、ダメだ。とにかくみんなに伝えたい！　というやり方じゃ、結局、誰にも、何も伝わらない。

竹野内　じゃあ…若い人。

イルカ　どんな？

竹野内　どんなって…。じゃあ若いカップル？

イルカ　どんなカップル？　食べ物好き？　旅行好き？　カメラ好き？　大学生？　社会人？　いろいろカップルがいるけど、どんな？

竹野内　そんなに一度に、いろいろ聞かんでくれ。

イルカ　こうやって、なぜ？　どんな？　いつ？　どうやって？　と※質問し続けるのがアイデアを考える秘訣だ。相手や目的が具体的になればなるほど、

※質問し続ける
メソッド⑲「なぜなぜ？」（226ページ）参照。とことん「なぜ？」を繰り返すことで課題と答えにたどり着くんだ。

人はアイデアを考えやすくなる。

竹野内　じゃあ、いっそ…20代のピチピチカップルに来てもらうかのお。

イルカ　ピチピチカップル…!? まあ、いいだろ。じゃあ、次はⒸの「はっきりした目標を描く」だが…

竹野内　はいはい…

イルカ　目標を聞いても、「人がいっぱい来ること」って言うだろ？

竹野内　あたり！ やっぱりイルカには超能力があるんかのお。

イルカ　…超音波だけど、もう、どっちでもいい。とにかく、目標は具体的であればあるほど、考えやすくなる。だから…

竹野内　だから？

イルカ　**ひとコマ目標！**

竹野内　はあ？

伝わるメソッド⑨
「ひとコマ目標」
ほとんどの人がスタート時に目標を掲げるが、実は曖昧なものが多くて、誰も明確なゴールを想像できないまま進んでいることが多い。目標を絵と台詞にすると、すべての人がその目標をイメージできるので、アイデアを生み出せるようになる。実践すると仕事が驚くほど円滑に進むことが多い。

イルカ　明確な目標をつくるなら、**伝わるメソッド⑨「ひとコマ目標」**※が使える。モノゴトを成功させるには、スタート時に目標を明確に決めることが大切だ。で、その時に、目標のイメージを「絵と台詞」で表現すると、目標がより具体的になって、わかりやすくなる。その上で、その「ひとコマ」を実現するにはどうするかを考えて、アイデアを出すとうまくいくんだ。

竹野内　お、マンガみたいに吹出しがついとる。

イルカ　そうだ。そこがこのメソッドのミソ。

竹野内　ちなみにこの吹出しは何に使うんかのお？

イルカ　彼らが何を話しているのかを想像して書くんだ。そうすれば、何を目的に集まってるのかを、その人たちの立場で想像することができる。

竹野内　彼らが話してること？　たとえば「景色がキレイね」とか「空気がうまいね」とか？

イルカ　そうそう。でも、それじゃ、人は集まらないだろ？　だから、どういう言葉なら人が集まるかを考えなきゃいけないんだ。

竹野内　普通のコトを書いてもダメだとはわかるんだが、どうしていいかわからんのお。もう少しだけ考えるヒントをくれんか？

イルカ　まず人を集めるためには、他にもあるものじゃダメだろ？　ここにしかないとか、ここでしか体験できないような「特別なこと」を作らなきゃいけない。そういう時には…

竹野内　ほう？

イルカ　**あるない！**

竹野内　何度もでっかい声、出すのお。年寄りを驚かしたらいかんよ。村がなくなる前に、ワシが亡くなりそうだったわ。で、「あるない」って何？

イルカ　**伝わるメソッド⑩「あるない」**[※]は、「特別なこと」を考える時に使え

伝わるメソッド⑩
「あるない」
「××は他にもある。○○はここにしかない」という対比文で考えれば、モノゴトに独自性が生まれる。さらにこのメソッドの優れている点は、その対比文をそのまま伝えることで、人に伝わる文章になっていること。かなり使えるメソッドだぞ。

るメソッドだ。人は、特別なものや、独自なものに憧れる。そこにしかないものには人が集まり、ここでしか買えないと言われれば競って買う。このメソッドは**「××は他にもある。でも、○○はここにしかない」と、対比で考えることで、「特別なこと」を見つける方法**なんだ。

竹野内　そりゃ、普通の考え方じゃないか？

イルカ　いや、大切なのは、それをはっきり意識することだ。意識しないと、すぐ楽をして「他にもある」もので手を打とうとする。日本中、かわり映えしない施設や観光地ばっかりになってるのはそのためだ。でもそれじゃ、人は呼べない。

竹野内　そりゃそうだが…

イルカ　大切なのは、常に「他の商品」「他の会社」「他の土地」「他の人」と比較して、※「他にはない特別の価値」を見つけることだ。

竹野内　そこ、もうちょっと教えてくれんか？　どうやって考えればいいかわからんから…

※他にはない特別の価値
他にはない価値が見つかれば、ビジネスでも武器になる。他の人との比較で自分の「売り」をつくれば、就活などにも効果があるんだ。

イルカ　そうだな。まず、**よくあるモノや当たり前のコトを書いてから、その文章のどこかを「ここにしかないもの」に置き換えればいい。**たとえば、

とれたての魚を使った寿司は他にもある。

でも、

とれたての「肉」を使った寿司はここにしかない。

こう考えるだけで、特別なものが生まれるだろ？　他にも、

とれたての「フルーツ」を使った寿司はここにしかない。

なんてのもいい。

竹野内　これならいろいろ思いつくのお。じゃあ、とれたての逆で…

「干物」の魚を使った寿司はここにしかない。

なんかもいいってことかのお？　かっかっか。

イルカ　いいじゃないか。そういう風に、対比で考えたアイデアは、そもそも「他にない」から話題になりやすいんだ。さらに例を言うと…

おいしいパスタが食べられるイタリア料理店は他にもある。

でも

おいしい「ラーメン」が食べられるイタリア料理店は他にはない。

竹野内　イタリア料理店でラーメンかあ…ちょっとそそられるのお。

イルカ　シェフがラーメン好きなら可能だろ？　まずはとにかく、「できるコト」をたくさん書き出して、その中で、「他にはないコト」を探してみればいい。

竹野内　ここにしかないモノって、意外に見つけやすいのお。

イルカ　そうだな。**何かを考える時、「そのコトだけ」考えてると難しくても、対比すると意外なほど簡単にアイデアが生まれるんだ。**実は、就活なんかでもこのメソッドは効果的だ。たとえばＩＴ企業への就活でも…

　ＩＴに詳しい学生は他にもいます。
　でも、
　ＩＴと農業に詳しい学生はボクしかいないと思います。

のように、あえて、ＩＴとは対極の価値をプラスすることで、他※の学生にはない強みをつくることもできる。

竹野内　確かに…ＩＴと農業に詳しい学生って興味が湧くのお。

イルカ　そうだろ。**他と対比して考えれば、特別な価値になる。でも、その場所やその人の得意とすることだけを考えると、他にもある価値になってしまうことがある。それじゃ、もったいない。**

※他の学生にはない強み
今は強みがなくても自分の強みを決めてそれに向けて勉強することもできるよな。

竹野内　なるほど。ところで、うちの村は東京と対比するのかのお？

イルカ　そうだな。それがいい。東京の人が集まりそうなものなら…食べものはどうだ？　たとえば蕎麦とか？

竹野内　蕎麦を復活するわけか？

イルカ　東京のグルメたちは、高級な蕎麦屋に飽きてて、誰も行ってないような店を探してるからな。他にはない体験のためなら過疎の村にも来るだろう。ただし、おいしい蕎麦なら東京にいっぱいある。どういう蕎麦ならここにしかない？

竹野内　水がキレイだからなぁ。キレイな水でつくった蕎麦はどうだ？

イルカ　じゃあ、ひとコマ目標に入れてみてくれ。

竹野内　…うーん。吹出しに入れてみると、確かに物足りないのお。

イルカ　そうだな。それじゃ人を動かすほどじゃないな。もうちょっと具体的で、驚きがほしいな。

竹野内　ここにしかないものか…。そうそう、思い出した。村のもんしか食べんけど、この村でとれる山菜はうまいぞ。いつも食べとるから、ふつう過ぎて忘れとった。

イルカ　山菜…いいじゃないか！ よく思い出したな！

竹野内　へへへ。褒められた。

イルカ　そう、山菜と言えば、京都の山奥に「※摘草料理」と呼ばれる山菜料理を売りにしてる旅館がある。京都市街からクルマで約1時間近くもかかる山奥にあるのに、その宿は1年中予約で一杯なんだ。

竹野内　それは心強いのお。

イルカ　ところで、山菜って春と秋

そば
美味しい蕎麦なら東京にもあるけど
でもキレイな水でつくった蕎麦はないからね

摘草料理
美山荘は京都市左京区の花背の里にある「摘草料理」で有名な料理旅館。季節の草花や山菜を主体にした料理は数々の著名人に愛されているぞ。

だけのモノなのか？

竹野内　季節ごとに山菜はある。それに、山菜はとりたてが旨い。本当に新鮮な山菜は東京じゃ食べられんからのお。

イルカ　新鮮な魚は普通だが、新鮮な山菜は面白いな。よし、超新鮮な山菜を使った蕎麦を名物にするか？

竹野内　人は来そうかの？

イルカ　この時代は高級な食材より、山菜のようなモノの方が話題になるからな。でも、大切なのは、それだけで終わらせないことだ。

竹野内　まだ何かやるのか？

イルカ　これだけだと、まだ、それほど話題にならない。もっと人に話したくなるようなネタにしないとな。

竹野内　ネタ？　そりゃ、どういうことかのお？

イルカ　たとえば、すごくいい話でも、説明が難しいとつぶやきづらい。**この時代、何かを話題にするためには、人から人へとシェアされる方がいい。だから、面白さがカンタンに人に伝わるように、13文字ぐらいの短い文章で「ネタ化」※することが必要なんだ。**

竹野内　ネタと言われてても…。山菜ぐらいしかないのお。うちの村には、東京の人がびっくりするぐらい、なんにもないんじゃや。

イルカ　東京がびっくりするぐらい何もないか…。今っぽいコト言うな。

竹野内　なんも言うてないが…

イルカ　いや言った。よし。その、売り物がないってことを売り物にしよう。

竹野内　どういうこと？

イルカ　ケータイの電波は届かない。コンビニもない。クルマも走ってな

※ネタ化
今は「シェアの時代」。人に伝えやすくて、面白い話の方がウケる。だから、伝えたいコトを、伝えやすいように、短くて面白いネタに変換することが大切。13文字は、Ｙａｈｏｏ！のトピックスに取り上げられている文字数。みんながシェアしやすい文字数の目安だ。

けりゃ、信号もない。そんな「クソ不便」な場所ってことを売り出すんだ。

竹野内　それじゃ逆効果じゃろ？　悪いイメージになる。

イルカ　いや。流行とかビジネスに置いてかれた村だからこそ、自然そのままのおいしさが残ってる。本当にピュアな山菜と蕎麦が食べられる。これは「ここにしかない価値」だ。

竹野内　そんなにうまくいくかの？

イルカ　**世の中なんでも、悪すぎると良くなるんだ。**

竹野内　悪すぎると、よくなる？

イルカ　そう。チヴィタ※は知ってるか？

竹野内　ああ、知っとるよ。おでんが好きなやつじゃろ？

イルカ　それはチビ太。チヴィタはイタリアの村だ。住民はわずか20人でほとんどが年寄りだったんだが、「滅びゆく村」と正直に打ち出したら、「それは見てみたい」と観光客が集まり、今や飲食店や宿も増えてるんだ。

竹野内　そんな村があるのか…なるほど。

チヴィタ
村への道はたった1本の橋のみ。観光客なんかちっとも訪れることはなくて若い人がほとんど出て行った村だったが、今や、活気が戻り、若い人も少しずつ戻ってきてるんだ。

イルカ　あんたの村には年寄りと山と畑しかない。電波も届かない。でもそれは東京じゃ手に入らない。特に、今の時代には、何もない時間や場所を手に入れるのが、一番難しい。「何もない」※は、他にはないってことだ。

竹野内　そういうもんかの？

イルカ　そういうもんだ。ないことを売りにする。それが、情報であふれた時代にもっとも効果的な「あるない」かも知れないな。

竹野内　で、どうすればいいのかの？

イルカ　日本版の「滅びゆく村」で、「とれたてピチピチの山菜を、山菜そばにして食べる旅」を観光のウリにするのはどうだ？　ケータイの電波が届かない。もちろんコンビニもない。自然しかない場所で、超新鮮な山菜をとり、その場で蕎麦にして食べる。都会ではできない本当の贅沢だろ？　「滅びゆく村」だから今のうちに行こう！　ってのも、後押しになる。

竹野内　でもそれで、広がるもんか？　テレビでコマーシャルとかした方がいいんじゃないかのお？

「何もない」は、他にはない

「何でもある」はコンビニにもあるけど、「何もない体験」は本当の田舎にしかない。今は、ケータイの電源を切るだけでも特別な体験になる時代だよな。

イルカ　お金ないだろ？

竹野内　そりゃそうだが…

イルカ　大丈夫だ。今の時代、1つの面白いネタがあれば、それがテレビCMぐらいの広がりを持つ。たとえば、**ツイッターで1つのネタが、100人にリツイートされるとする。それが3回あるだけで、もう100万人に届くことになるんだ。これはもう、テレビ級の広がりだろ？**

竹野内　よう知らんが、そういう時代なんか？

イルカ　大切なのは、最初の「1」だ。これが面白いとドカンと広がるし、面白くないと「0」だから何も広がらない。とにかくそこの話題性を上げるためのネタをしっかり考えないとな。ま、今回の「滅びゆく村の超新鮮・山菜そば」は大丈夫だろう。まあ念には念を入れて、クルマも村に入らないように制限してみるか。

竹野内　そんなことしたら、クルマの客が来なくなるじゃろ？

イルカ　そうじゃない。クルマで道が一杯になったら「滅びゆく村」の感じ

1×100×100×100=1000000!

がしない。やるときは、その後のことも想像して徹底的にやらないとな。

竹野内　そういうもんか…

イルカ　じゃあ、これを企画書にして、旅行会社や東京の学校に持って行けばいい。子どもを自然の中で育てたい親は多いからな。

竹野内　企画書って何？

イルカ　まあ、今のような話を人にもわかりやすく書いたもの、だな。

竹野内　まったくわからん…

イルカ　じゃあ、俺が書いてやるよ。世話が焼けるな。

竹野内　そうくると思った。うひひ。

イルカ　あんた…意外にしたたかだな。

竹野内　もしこれで村が助かったら、あんたの銅像が立っとる水族館をつくるから、そん時は曲芸、よろしく頼むぞ。かっかっか。キューキュー。

イルカ　あんたがキューキュー言うな！

本日のイルカ語録

ないことは、たまに、
あることより、強い。

第二章　［第五話］

ダメ社員のアイデアが、いきなり褒められるようになった理由とは？

相談者　「例のブサイク先輩　仲田大之介（28歳）」

ようやく会えたよお。合コンで見かけたんだけど、話せなかったからね。あつしから聞いててさあ、興味あったんだよね。あつしって誰って？　ああ、ちょっと前に

合コンのことを相談しに来たヤツいたでしょ。あいつがあつし。ブサイクなんだよね。ぐふふ。あ、ぼく？仲田大之介。あつしが尊敬してる先輩ってとこだね。そうそう、おかげさまであのコとはトントン拍子に進んでますよお。最高のカップルだなんて会社で言われて困ってるぐらい。だってほら、ぼくが結婚することで悔しがってる女子社員も多いからね。ぐふふ。あ、今から別の店でお昼でもどう？お寿司とか？何でって、実は相談があってさあ。あのね、ぼく、見ての通りエリートなんだけど、部長の頭が固くて、ぼくのアイデアが通らないわけ。だからアイデアを上司に通す方法を教えてもらいにね、忙しい時間を割いて来たわけ。報酬は出すよ。イルカってイカが好物なんでしょ？だから、イカ入りナポリタンなんかどう？

イルカ　イカ入りか…

大之介　そう、イカ入り。イルカ的にはうまそうでしょ。

イルカ　…まあ聞くだけ聞こうか。※ハリセンボンくん。

大之介　ん？　はりせんぼん？　それってどういうこと？　ああ、トゲがある危ない男ってことかあ…。俺に近づいたら、ケガするぜってとこだね。

イルカ　違うけどな。

大之介　じゃあ、危ない男から、説明するね。まずウチの会社は医療系の商社なの。で、お得意先の病院から、新しい病院をつくるためのコンセプトがほしいと言われて、そのプレゼンのためにいろいろアイデアを出してるわけ。で、ぼくがつくったコンセプトがすごい。

イルカ　何だ？

大之介　「ビューティフル＆ニューネス＆ダイナミック」な病院。ね、すごくクールでしょ。

イルカ　何だそれ？

ハリセンボン
世界中の海で見かける。フグのような毒はないけど近寄るとトゲが刺さって危ない。ここだけの話、本当はトゲの数は350本ぐらいなのにセンボンとか言って見栄をはってるんだよな。

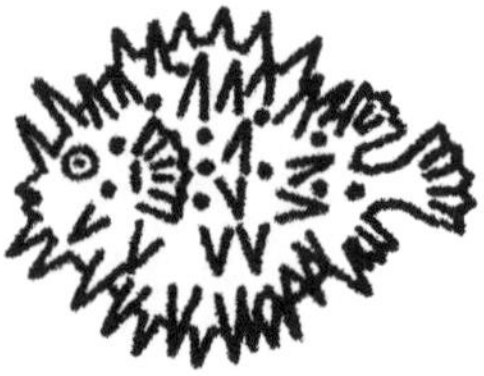

大之介　遠慮なく褒めていいよ。

イルカ　どこがコンセプトなんだ？

大之介　あれ、わかんない？　あのね、病院なのに「ビューティフルでニューネス」ってこと。画期的じゃない？

イルカ　会社一の美人ってのはいったいあんたのどこに惚れてるんだ。

大之介　全部でしょ。

イルカ　…ま、いいだろ。1つだけ言うが、あんたの考えてるのはコンセプトじゃない。ただの言葉遊び。

大之介　でも、コンセプトってそういうもんでしょ。会社の企画書には、だいたいこういう英語が書いてあるしさあ。

イルカ　あんたの会社の将来は大変だな。

大之介　何か問題あり？

イルカ　大ありだ。まず**コンセプトは「言葉遊び」じゃなく「設計図」だ。**　わかるか？

大之介　ううん。ちっとも。

イルカ　だろうな。**※コンセプトってのは、目的と方法が書かれている設計図のようなものだ。聞いただけで、その仕事に関わる全員が、何が目的で、自分が何をすればいいかがわかる。**それがコンセプト。そのニューネスとかビューティフルとかじゃ、何をやっていいのかわからんだろ？

大之介　でもさ、コンセプトなんか、あってもなくてもあまり影響がない言葉なんだから、素敵な言葉ならよくない？

イルカ　そう思ってるヤツは多いけど、それが大きな間違いだ。コンセプトがあると仕事が驚くほど早く、確実に、うまく進む。設計図があれば、みんなが迷わずに進めるんだ。

大之介　ふうん。そういうもんなの？

イルカ　そういうもんだ。で、あんたはいったい何がしたいんだ？　その新しい病院で？

大之介　ニューネスでビューティフルなことだけど。

コンセプト
コンセプトを、難しい言葉の羅列と思ってる人は多いが、大きな間違い。コンセプトは、できるだけカンタンで、シンプルな言葉で作られたもの。説明するんじゃなく、想像するきっかけをつくる言葉なんだ。

イルカ　じゃあ、そのあんたの気持ち。

大之介　うん。

イルカ

伝わっているか？

大之介　伝わってるでしょ。

イルカ　…あんたと話すとクラクラする。そもそも誰がその仕事のターゲットなんだ？

大之介　そりゃあ、部長でしょうね。

イルカ　それは社内で説得する上司だろ。言っておくが、これからは※**「社内価値」よりも「市場価値」が大切だ。社内にゴマをすって褒められるより、世の中で認められる仕事をした方が未来がある。**そう思わないか？

大之介　いいこと言うね。

イルカ　そう思うんだったら、会社の中より世の中のことを考えてくれ。

※「社内価値」よりも「市場価値」
会社で働いてると、ついつい、社内の事情や上司との関係を重視しちゃう。でも大切なのは、世の中で通用する基準で働くことなんだよね。

大之介　うん。わかった。

イルカ　で、そのニューネスな病院つくって、誰に来てほしいんだ？

大之介　さあ、誰なんだろうね？

イルカ　他人事だな。

大之介　ううん。そうじゃなくて、ほんと、誰が来るといいんだろうなって思ったんだよね。イルカさんはわかるんでしょ、そういうの。

イルカ　まあ、考えればな。

大之介　すごいなあ。やっぱりイルカはコミュニケーションの達人なんだね。

イルカ　ストレートに言われると照れるな。

大之介　小さい頃に見たマンガに、イルカが人間を征服してる絵があったけど、本当だったんだ、あれ。

イルカ　そんなことはしないが…あんた意外にピュアなのかもな。まあいい。乗りかかった船だ。コンセプトの考え方を一から話すぞ。まず今回のテーマは「病院」だ。でもそのまま考えちゃいけない。

大之介　どうするの？

イルカ　**プラス新しい！**

大之介　大きな声だね。

イルカ　※**伝わるメソッド⑪「プラス新しい」**。考えることが100倍カンタンになる画期的な方法だ。使い方もカンタン。「新しい」ってつけるだけ。この場合は「新しい病院とは何か？」を考えればいい。

大之介　ふうん。「新しい」ってつけるだけ？

イルカ　そう、それだけで「新しく」するためのアイデアが考えやすくなるんだ。たとえば、新しいデート。新しい口説き文句。新しいチョコレート。新しいクルマ。新しいビール。新しい便利。新しい安全。「新しい」とつけるだけで、今までのモノとは違う「新しい価値」を※考えるきっかけになる。そうすれば、新しいアイデアも生まれやすくなるんだ。

伝わるメソッド⑪「プラス新しい」
テーマに「新しい」とつけることで、簡単に「考え方のルール」をつくる方法だ。メソッド⑰「ムリヤリルール（211ページ）」参照。ルールがあると人は考えやすくなる。「プラス新しい」はその一番カンタンな方法だ。

考えるきっかけ
「考えよう！」とだけ言われても、どう考えていいかわからない。でも最初に「こんな風に考えよう！」と言われると、とても考えやすくなる。会社でも、家庭でも、学校でも、考えるきっかけをつくることで、みんなが考えやすくなるんだ。

大之介　確かに考えやすいかも。…面白いなあ。

イルカ　考え方がわかれば、誰でもアイデアを思いつける。そうなると、アイデアを考えることが楽しくなってくるんだ。

大之介　それ、うれしいなあ。

イルカ　この「プラス新しい」メソッドは、簡単だけど、何かを考える時にはとても効果的なんだ。そうだなあ…たとえば、仕事で上司に、「エコ」についてまとめてくれとか言われたら困るだろ。

大之介　うん、困る。

イルカ　でも、その時に「新しいエコ」というテーマで考えると、意外なほど考えやすくなるんだ。「これまでのエコ」と「新しいエコ」の対比で考えられるし、これからのエコに必要なことは何かを考えれば、アイデアも出しやすいからな。

大之介　へえ。なるほど。

イルカ　「高齢化社会」なんて難しいテーマでも、「新しい高齢化社会」なら考えやすくなる。「家族旅行」を考える時でも、「新しい家族旅行」というテーマで家族会議すれば、面白い旅行が思いつくと思う。

大之介　確かに、面白そう。

イルカ　**何かを考える時は、何を考えるかの前に、どう※考えるかが大切なんだ。**もっと慣れたら「画期的な○○」とか「世界一の○○」とつけるのもいい。

大之介　ふうん。画期的な病院…ってなんだろうな？

イルカ　そう。そんな風に考えはじめることがコンセプトの出発点。そこから実際にコンセプトを創るわけだが…、まあ創れないよな？

大之介　危ない魅力のある、優秀なぼくなら創れると思いますよ。

イルカ　…本当に危ないな。まあ、無理だろうから言うが、そういう時は、

大之介　そういう時は？

イルカ　**ひらめきスロット！**

※どう考えるかが大切
方法がわかれば、誰でも面白いことが思いつく。みんな「何を考えるか？」ばかりを話題にするけど、「どうやって考えるか？」はもっと大切なんだ。

大之介　ヒラメにキスしろ…っと？

イルカ　ヒラメは嫌いだ。これは※**伝わるメソッド⑫「ひらめきスロット」**。いいアイデアが、じゃんじゃん生み出せる、アイデアの公式だ。仕事はもちろん、いろんな状況で、すごく使えるぞ。

大之介　アイデア？

イルカ　そう。アイデア。コンセプトはアイデアじゃなきゃいけない。たとえば「新しい病院」のコンセプトが「きれいな病院」とかじゃ、ちっとも新しくないし、面白くもないだろ？　コンセプトは、人が「なるほど！」とか「面白い！」と思って興味を持つコトじゃなきゃいけない。「へえ面白そう」というアイデアじゃないとコンセプトじゃないんだ。

大之介　へえ。

イルカ　これがアイデアをつくる公式だ…

「新しい＋テーマ」×「ターゲットが好きそうな言葉」＝「アイデア」

※伝わるメソッド⑫
「ひらめきスロット」

アイデアを考えよう…、というと難しいと思って身構える人が多いが、実はとてもカンタンにつくれる。しかもこの「ひらめきスロット」は仕事だけじゃなく、彼女へのプレゼントやパーティーの企画にも使うことができる。使い方はカンタン。新しいプレゼント×彼女の好きなもの＝「？」の答えを考えるだけ。それだけで何を贈るべきかがわかるんだ。

大之介　なんか、スロットマシンみたい…この中身の言葉が変わるってこと？

イルカ　そうだ。これがあれば、ほんとに簡単にコンセプトのアイデアがつくれる。たとえばテーマを「新しい病院」、ターゲットを「子ども」にした場合。子どもが「好きそうな言葉」をかけ合わせると…

新しい病院×お菓子＝お菓子の病院

新しい病院×遊べる＝遊べる病院

新しい病院×ゲームが好き＝ゲームセンター病院

他にも、「鉄道の病院」「マンガの病院」「回転ずしの病院」なんかもできる。

こうやって発想していけば、画期的な病院のアイデアが生まれるだろ？

大之介　これが…コンセプトなの？

イルカ　そう。わかりやすいし面白いだろ。コンセプトはとにかく簡単で、具体的に想像できるものじゃなくちゃダメ。誰でもわかることがコンセプトの大前提だからな。

大之介　難しい言葉の方が褒められるって思ってた。

イルカ　※**ムズカシイのは馬鹿。カンタンなのが天才。**そう思った方がいい。

大之介　逆なんだ…

イルカ　一番カンタンなアイデアを考える人が、一番頭がいい人だ。

大之介　じゃあ、ぼくに向いてるな。

イルカ　…まあ、そう思ってればいい。まずは、さっきの「ひらめきスロット」でコンセプトをいくつも考えた後で、実際にできるものを選んで、本当に使えるコンセプトを探っていけばいい。わかるか？

大之介　ほぼ…わかった。

イルカ　じゃあ、あんたみたいな、若い社会人の場合はどうなる？

ムズカシイのは馬鹿。カンタンなのが天才

世の中のムズカシイことはすべて間違い。それをカンタンにできれば、世の中もっとうまくいく。メソッド⑭「カンタン解（169ページ）」参照。

大之介　そうねえ…たとえばぼくの好きなものと掛け合わせると…

新しい病院×［スポーツ観戦］＝スポーツ観戦病院

新しい病院×［キャバクラ］＝キャバクラ病院

新しい病院×［眠りたい］＝仮眠病院

イルカ　なかなか面白いな。ははは。キューキュー。じゃあ、たとえば、自然派の人を相手にすればどうなる？

新しい病院×［公園］＝公園病院

新しい病院×［間伐材］＝間伐材でつくったロッジ病院

新しい病院×［リサイクル］＝ゴミでつくった病院

イルカ　最後のは、なかなか奇抜なアイデアだけど、海外ならありえるな。

話題になるかも。

大之介　考えるのが面白いなあ。それに、難しい言葉が1つもない。

イルカ　とにかく、**コンセプトは、身近な言葉の中にあるんだ。**普段は聞いたこともないような難しい言葉とか、知らない英語とかは必要ない。

大之介　ぼく、クレバーだからわかってきましたけど、でも…

イルカ　でも、何だ？

大之介　さっきまでわかってたつもりだったのに、今は、どんな病院をつくりたいのか、よくわからなくなっちゃいましたよ。

イルカ　なるほど。それはいい傾向だ。そうなるってことは、ちゃんと自分で考えはじめたってことだ。

大之介　そうなの？

イルカ　※**わからないのは、いいこと。そこがスタート**だからな。ダメなのは、考えずに、考えたつもりになることだ。

大之介　確かに、ぼくはイケメンでイイヤツで、小さな頃から何でも話が

わからないのは、いいこと

知らないこと、わからないことがあることは、つまりこれからどんどん成長できるってこと。可能性の塊ってことなんだ。

通って来たから、深く考えずに、考えたつもりで終わってたのかも。

イルカ　…かなり前提が間違ってるが、とりあえずは考え始めたからよしにしよう。ところで、もう一度聞くが、あんたは結局、どんな病院がつくりたいんだっけ？

大之介　…ニューネスでビューティフルな病院。

イルカ　そのニューネスでビューティフルな病院で、あんたは、誰を幸せにしたいんだ？

大之介　え？　幸せ？

イルカ　そう。コミュニケーションもビジネスも、誰※かの幸せのためにある。それがすべての前提だ。

大之介　誰かの幸せ…かあ？　それなら、まず、実家の母かなあ。

イルカ　ほう。あんたにしては、意外な答えを言うな。いいだろう。じゃあ、そのお母さんを思い描いて、何が好きかを考えてみればいい。

大之介　母が好きなことは…そう、昭和歌謡とか。

誰かの幸せのためにある
すべての人が、そう思えれば、世の中は今よりずっと良くなる。最近は「誰かの幸せ」にならないとビジネスは成功しないよな。

イルカ　なかなか渋いな。で、聴くのか？　歌うのか？

大之介　いつも、カラオケで熱唱してる。

イルカ　なるほどね。それをひらめきスロットに入れてみると？

新しい病院×「カラオケで熱唱」＝カラオケ病院

大之介　カラオケ病院！

イルカ　悪くない。

大之介　ははは。でも、うるさいし、病院だから不謹慎って怒られちゃう。

イルカ　でもニューネスがあるだろ。みんなが笑顔になるのはビューティフルなことじゃないか。しかも、お母さん世代はこれからの病院のメインターゲットだ。それに不謹慎かどうかは、ターゲットが決めることだ。それはただの思い込みかもしれないだろ？

大之介　確かに、そう言われれば、病院の待ち時間にカラオケ…いいかも。

入院患者さんも元気になるかもだし。防音ブースをつくればうるさくないかも。コミュニティができて友達とかもできるかも！

イルカ　かもかもうるさいが、そうやってリアルに考え始めるきっかけになるのがコンセプトだ。まずは、難しく考えずに、いっぱいアイデアをつくればいい。その中にきっと、いいコンセプトが生まれてくる。

大之介　かなり、わかった気がする。あ、この話、一度、母にしてみようかな。

イルカ　そうだな。リアルターゲットに聞くのは、一番早い検証方法だ。

大之介　イケメンで頭のいいぼくが、こんなアイデアまで作ったって知ったら、母はきっと喜ぶだろうなあ。

イルカ　前提は常に間違ってるが、まあ、お母さんが喜ぶならいいか。

大之介　そうだ。こんどお礼に、ぼくの手料理をごちそうしますよ。彼女とのラブラブなところも見せたいし。ぐふふ。

イルカ　…かんべんしてくれ。

大之介　じゃあ…トゲのあるぼくの危ない魅力で女子を集めて、合コンしますか？　でも、彼女には内緒ですよ。ぐふふ。

イルカ　…かんべんしてくれ。

大之介　なんだ、残念だなあ。遠慮なんかしなくていいのに。

イルカ　いや、遠慮とかじゃなく…

大之介　ま、気が向いたら連絡くださいよ。待ってますよお。

カラオケ病院
君にしてはいいアイデアだ。
みんなもこういう
アイデアを考えてくれ
ようやく、
僕のクレバーさに
気づいてくれましたか。
ぐふふ

本日のイルカ語録

コンセプトとは、
人を幸せにする
設計図である。ぐふふ。

第二章［第六話］

お金を一円も使わずに、新商品が飛ぶように売れた理由とは？

相談者「ももこの幼なじみ　門田雄三（35歳）」

店、けっこう混んでるんだね。お客さんがいないって聞いてたから、驚いたよ。え？ ああ…テレビ出てるよ。でも、ドラマみたいな派手なものじゃなくて、通販番組

だよ。映画はって？　ああ、見てくれてたんだ。3秒で死んじゃう役だったけど。中学の先生にも「門田君は真面目の前に〝クソ〟が付くね」なんて言われてたけど、今も変わんなくてね。演技が真面目で華がないって、しょっちゅう演出家に怒られてたよ。それで、諦めて職を変えようって思ってたら、たまたま今の社長に、「いい声してるな。テレビの通販番組で司会やってみないか」って誘われたんだ。嬉しかったよ。恩返しがしたくて頑張ってさ。たくさん売れるように話術も磨いたし、キャッチコピーも考えるんだ。でも今回の商品は難題でさ。スゲー地味なカラージーンズなんだ。こういう中途半端な商品が一番きついんだよな。今夜収録なんだけど、セールストークがまだ考えつかなくて。え？　相談してみないかって？　誰に？　そのイルカ？　ははは、冗談でしょ？

イルカ　あんた、いい声だな。ラジオ向きだ。

かどた　あ…ありがとうございます。僕には褒め言葉じゃないけど。

イルカ　テレビのヤツにしては、鮭※のように真面目そうだ。気に入った。

かどた　鮭？　…鮭って真面目なんですか？

イルカ　まあな。どちらかって言えば、公務員気質かな。

かどた　へえ…そうなんだ。ところで、これ特殊メイクですよね？

イルカ　本物だ。

かどた　日本の特殊メイクもここまで来たんだな。触っていいですか？

イルカ　痛い！

かどた　ああ…すいません。合成樹脂かな…？

イルカ　真面目なわりにムチャするな。で、相談ってなんだ？

かどた　ああ…カラージーンズのことなんですけど。ももことの会話、聞いてました？

イルカ　ちょっとはな。その話にあったカラージーンズを売りたいわけだ。

鮭
川で生まれた後、数年、海で育って、また川に戻る。ふらっと寄り道したりもしないで、生まれた川にまっすぐ帰る律儀な性格は、まさに海の公務員だな！

かどた　はい、売りたいです。社長がどうしても売りたいって言ってるし。

イルカ　でも、あんたはそんなに良くないって思ってるんだろ？

かどた　いや、うまく伝えられないんですけど、商品はいい感じなんです。自分なら穿きたいし。でもその良さがうまく言えないんです。テレビはスピードが重要なんで、簡単なウリ文句じゃないと伝わらないんですよ。

イルカ　でもテレビのヤツは一言のウリ文句を創るのはうまいはずだろ。

かどた　これは、かなり手ごわいんです。社長も言ってたんですけど、わかってもらえれば、いい商品なんですけど。

イルカ　なるほど、その気持ち…

かどた　はい？

イルカ　**伝わっているか？**

かどた　…このあとＣＭでーす！　とか言いそうな目ですね。

イルカ　そのカラージーンズが本当にいいものなら、ちょっとしたコツで伝わると思う。

かどた　そうですかね？

イルカ　その地味なカラージーンズの良さを伝えたいなら。

かどた　はい。

イルカ　**イメチェン！**

かどた　い、イメチェン？

イルカ　そうだ。※**伝わるメソッド⑬「イメチェン」**。名前を変えれば、イメージが変わる。そうすれば、愛されるし、喜ばれるし、売れるようになる。モノの良さが伝わりにくい時に、名前を変えることで、同じ意味を、別の良いイメージで伝わるようにする手法だ。つまり、言葉のイメチェン！

かどた　どういうことなんでしょう？

伝わるメソッド⑬
「イメチェン」

世の中に何かを伝える時、そのモノやサービスに少しでも「悪いイメージ」がある場合は、それを言葉で払拭することができる。ネーミングを変えて売れた商品や芸人さんも多いよな。

イルカ　言葉には、同じような意味なのに、前向きとか後ろ向きにイメージが変わるものがある。たとえば、

　行き当たりばったりにやりましょう。

と言えば上司に怒られそうだが、

　臨機応変にやりましょう。

と言えば、前向きだろ？

かどた　確かに…

イルカ　同じことを別の角度から言っただけなのに、前向きなイメージになる。こうやって言葉の意味を変えずに、イメージを良くしたりするのが「イメチェン」メソッドだ。たとえば、

引っ込み思案な男子

←

草食男子

きれいなおばちゃん

←

美魔女

どちらも、ほぼ同じ意味だけどイメージは前向きに変わってるだろ。名前を変えるだけで、いいモノに思えるし、話題にしやすくなるわけだ。

かどた　確かに、言葉だけでもイメージが変わるんだ。でも、応用がちょっと難しいんじゃないですか？

イルカ　方法を覚えればいいだけだ。これがその方法…

マイナスの言葉**⬇プラスの言葉＋似せる言葉**

これを覚えれば、誰でもできる。たとえば、先ほどの2つの言葉なら…

引っ込み思案（マイナス）**⬇草食系（プラス）＋男子（似せる）**

おばちゃん（マイナス）**⬇美女（プラス）＋魔女（似せる）**

かどた　たしかに「草食系」と言われると、やさしくて無害なイメージだから、プラスに感じますね。

イルカ　この他にも、世の中にあった悪いイメージをイメチェンして、話題になった言葉はたくさんある。たとえば…

できちゃった婚

⬅できてしまった感じ（マイナス）

⬅さずかった感じ（プラス）＋婚（似せる）

さずかり婚

雑居住宅

⬅仕方なく一緒に住む感じ（マイナス）

⬅みんなでシェア（プラス）＋ハウス（似せる）

シェアハウス

離婚経験者

⬅離婚した（マイナス）

⬅でも一回目（プラス）＋バツ（似せる）

バツイチ

かどた　なるほどな…

イルカ　他にも、世の中でまだ言葉になってない「行動」を言葉化してイメージを向上することもできる。たとえば、これ。

一人でご飯を食べる女性

←

おひとりさま

この言葉ができたおかげで、一人で食べる女性のイメージは明るくなったし、女性の行動はちょっと自由になっただろ？　1つ新しい言葉ができると、メールやSNS※で流行し、雑誌の見出しやテレビのコメントにも登場して、新しいムーブメントが生まれるわけだ。他にもいっぱいあるぞ。

SNS
ソーシャル・ネットワーキング・サービスのこと。フェイスブックやツイッター、LINEなどが代表的だな。

小太り➡**ぽっちゃり**
ボサボサ髪➡**無造作ヘア**
見切り品➡**アウトレット**
安物➡**プチプライス**
夢見がちな大人たち➡**中二病**
40歳前後の中年➡**アラフォー**

かどた　ぜんぶ、いいイメージになってますね。しかも話題にしやすい。

イルカ　イメチェンは、悪いイメージのモノに、良いイメージの「アダ名」※をつける感じなんだ。人でもモノでもアダ名をつけた方が覚えやすいし、人にも話しやすい。だから話題になりやすいわけだ。

かどた　アダ名をつけるのか…。そう考えれば難しくないかもな。

イルカ　そうなんだ。身の回りのモノで悪いイメージのモノに、いいアダ名をつければそれでイメチェンできるんだ。

※アダ名をつける
人の名前やモノゴトはとても覚えにくいが、アダ名をつければ覚えやすくなる。それは書類や情報に「タグ」をつける感覚に似ている。タグがつくと目立つし、認識しやすくなる。イメチェンはその「タグ」を前向きにつける方法なんだ。

かどた　言葉を変えるだけなのに…

イルカ　毎日の仕事が劇的に変わることもあるぞ。たとえば、会議も…

商品企画会議

↓

いまいちばん欲しい商品をつくる会議

月初定例会議

↓

今月のイチオシ情報をみんなで報告し合う会議

新事業開発会議

↓

マジで夢を語って会社の未来をつくる会議

かどた　なるほど。最後のなんか、ちょっと熱い議論になりそうですね？

イルカ　そう。※会議名を変えるだけで、誰が、何を目的に、何をすべき会議かがわかりやすくなって、会議が驚くほど円滑に進む。会議の目的を明確にする「イメチェン」は、すべての会社ですぐに実践すべきだと思うな。

かどた　確かに。これ、社長に言ってみます。

イルカ　それから、あんたの会社だと、お客さんからの苦情も多いんだろ？

かどた　はい。たくさん叱られますね…

イルカ　その「苦情」を「ニーズ」と呼んでみるのも、いいイメチェンになる。

たとえば…

お客様の「苦情」を報告する。

↓

お客様の「ニーズ」を報告する。

※会議名を変える

「新規事業開発会議」のように堅い会議名を「10年後の会社を考える夢会議」とするだけでも、自由な発想が出るようになる。人事の査定をする会議も、「会社のヒーローとヒロインを選ぶ会議」ってすれば、みんな前向きに社員を評価するようになる。会議の名前を変えるのは「タダ」だから、すぐにでも変えた方がいいな。

こう考えると、苦情が、改善のきっかけになるだろ？ それに、苦情だと「すいません」だけど、ニーズだと「ありがとうございます」ってことになるから、対応も前向きになる。

かどた なるほど…

イルカ その他にも、普段の仕事を「イメチェン」することで、「やる気」をアップすることもできるんだ。

アイデアを出しなさい。

↓

アイデアコンテストを開催します。

かどた 確かに、ちょっと前向きになりますね。

イルカ さらに、会社でよく使う言葉をイメチェンしてみるのもいい。

有給休暇
⬅
大切な人と過ごす休暇

これだけでも、休暇に目的が生まれるし、社員が「いい会社だな…」と思うきっかけになるんだ。

かどた　言葉を変えるだけで、会社※のイメージアップにもなるのか。…目からウロコです。これも、社長に言ってみます。

イルカ　「イメチェン」すると、みんなが話題にしやすくなるし、流行したりもする。新しいニーズや、やる気も生む。ただし、これと反対に、あまり望ましくないイメチェンもあるから要注意だ。

悪口をいう ⬇ **ディスる**

※会社のイメージアップにもなる
たとえば「社員総会」を「社員全員で未来を考える会」に変えるだけでもちょっと前向きになるし、「残業手当」を「頑張ったご褒美手当」にすると、ただの時間つぶし残業はしにくくなる。こんな風に、会社の中にはイメチェンできる言葉がいっぱいあるんだ。

人員削減➡**リストラ**
無職➡**ニート**
女子高生デート➡**JKお散歩**
売春➡**援助交際**
変質者➡**ストーカー**
自殺➡**リストカット**

かどた　ぜんぶ、いわゆる、流行語ですね。

イルカ　そう。どれも「イメチェン」したことで、ちょっと前向きな行為のように見えて、流行してしまった。※**言葉が軽くなると、罪悪感も減る。**それは世の中にとってとてもよくないことなんだ。「イメチェン」メソッドを使う場合は、心して使うべきだな。

かどた　確かに…そうですね。

イルカ　元の言葉にあった「悪い」「嫌な」イメージを消すのが「イメチェン」

※言葉が軽くなると、罪悪感も減る
特にテレビや雑誌のようなメディアは、言葉を軽い方向に「イメチェン」することが多い。無意識のうちに酷い問題を引き起こすこともあるんだ。

の効果。だからこそ、本当に悪いことは、「イメチェン」して良く見せちゃいけない。とても危険なことになるからな。

かどた 僕たちも注意しないといけませんね。

イルカ そうだな。じゃあ、話を戻そう。地味なカラージーンズだろ？

かどた はい。実際どうすればいいんでしょう？

イルカ まず、そのジーンズの悪い部分は何だ？

かどた 地味ってことですね。

イルカ それの反対の言葉は、「派手」だな。でも、大阪のオバちゃん以外には、いい言葉として受け取られないだろうな。ははは。キューキュー。

かどた じゃあ、どうしましょう？

イルカ そういう時は、買う人の立場に立ってみる。**相手の気持ち、状況、懐具合…、なんでも相手の立場で想像すれば、答えが見えてくるはずだ。**大切なのは、買った後のことを想像すること。**売る側からすると「買うことがゴール」だけど、買う側からすると※「買うことはスタート」だからな。**

※買うことはスタート
マーケティングを考える時、買う瞬間の気持ちを想像することも大切だけど、買った後でどう役だっているかをその人の立場で想像することがもっと大切。買った後のストーリーが想像できれば、買いたくなるんだ。

かどた　買うことがスタートか…。心しておきます。

イルカ　ところで、通販番組を観ているのは年配の女性も多いよな？

かどた　そうですね。ほとんどが年配の女性です。

イルカ　だったら、その人たちがはじめてカラージーンズをはいて出かける時を想像してみればいい。

かどた　そうですね…カラージーンズはオシャレだと思うけど、ちょっと恥ずかしい…とか、目立ちすぎると嫌だと思うんじゃないですか？

イルカ　じゃあ、このカラージーンズはぴったりじゃないか？

かどた　どういうことですか？

イルカ　このカラージーンズは、

「地味」なカラージーンズじゃなく

「派手すぎない」カラージーンズだ。

かどた　なるほど…。それは盲点だ。確かにそれなら、このカラージーンズのことを言ってるし、買う意味がある。

イルカ　そう。買う意味をつくることが大切だ。これは、派手な服が嫌な年配女性たちが待ち望んでいた、派手すぎないカラージーンズなんだ。

かどた　これが「イメチェン」ってことか！

イルカ　人でも、モノでも、街でも、うまく伝えれば、いいものに見える。たとえばあんたも、真面目をもっと前向きに捉えて「業界一クソ真面目な役者」にイメチェンすれば、誠実さが際立って、売り物になると思うな。

かどた　そうですね。これを機会に、鮭のように人生かけて真面目を通すような役者になってみます。

本日のイルカ語録

誰か、日本を
イメチェンしてくれ。

イルカとももこ
の
カフェブレイク

2

新しいビジネスを考えたいのですが、何かいいアイデアはないですか？

ももこ　またまた、相談のおハガキよ。

イルカ　ラジオ相談室じゃないんだから、いいかげんにしてくれないかな？

> 最近会社を辞めまして、友達と会社をつくろうと思ってるんですが、何のビジネスをはじめればいいのかが、わからないんです。そこで、イルカさんに、新しいビジネスを考えてもらいたいのです。もしそれが無理なら、新しいビジネスを考える方法を教えてほしいのです。どうぞよろしく。

ももこ　そんなのアタシが知りたいわ！

イルカ　っていうか…そんな軽い気持ちで会社はじめていいのか？

ももこ　起業するのが流行りだからでしょ。

イルカ　甘い考えならやめた方がいいぜ。あとで痛い目にあう。

ももこ　とはいえ、せっかくの相談だから、何かあれば答えてよ。

イルカ　気が進まない。

ももこ　そうかと思って…今日は、浮き輪を用意しました！

ほら、くぐりたいでしょ？

イルカ　…ちょっとくぐりたい。

ももこ　じゃあ、メソッド。

イルカ　仕方ない。そういう時は、**カンタン解！**

ももこ　カンタンかい？

イルカ　**※伝わるメソッド⑭「カンタン解」。世の中の「ムズカシイ」を「カンタン」にすると新しいビジネスになる。**それをメソッドにしたものだ。

伝わるメソッド⑭
「カンタン解」
新しいアイデアを考える時に、まず、世の中でムズカシイことを考えてみる。それを「カンタン」にするアイデアを生めば、それはもう、ビジネスのアイデアになってるはずだ！

ももこ　カンタンにするって…それだけで、新しいビジネスができるの？
イルカ　そう。まずは、世の中でムズカシイと思ってることをいっぱい考える。その中で「誰もまだ考えてないこと」を見つけて、それをカンタンにする方法を考えればいい。まずは、ムズカシイことをあげてくれ。
ももこ　じゃあ、考えるけどさ。世の中でムズカシイことねえ…。たとえば「お役所の書類」とか「保険の選び方」「スリムになること」、それに「新しい彼氏の見つけ方」「前に勤めてたゲイバーのママとの仲直り」とか？
イルカ　なるほど。でも、今じゃ「保険の選び方」も「お役所の書類」もカンタンに代行してくれるサービスがあるだろ。「彼氏の見つけ方」ですら、最近じゃ、それ専門のサイトがある。**世の中にある新しいビジネスのほとんどが、ムズカシイことをカンタンにすることで生まれてるんだ。**
ももこ　確かに…。じゃあアタシも新しいビジネスを考えられるかもね。
イルカ　どうかな？　ところで、最近、一番困ってることは何だ？
ももこ　そうね…※人の名前を覚えられない。それなんとかしてほしい。

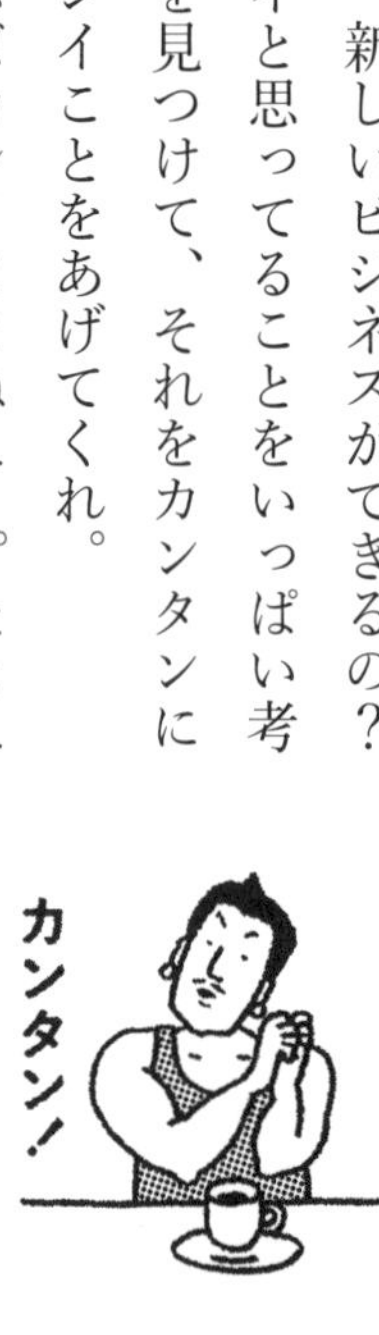

※人の名前を覚えられない
会った時に「アダ名」をつけて、それを名前につなげて覚えるようにすれば、かなりの確率で忘れないぞ。ちなみに、名前を覚えてない相手に限って「ボクの名前覚えてますか？」と言うけど、あれ、やめてくれよな。

イルカ　じゃあ、代わりに覚えてもらえばいい。

ももこ　何に？

イルカ　そうだな。たとえば、会ったことのある相手の名前が出るメガネとか。そのぐらい開発できそうだ。

ももこ　それ便利ね。…あ、もう1つ困ってることあったわ。

イルカ　なんだ？

ももこ　リモコン！　すぐにどこいったかわからなくなるでしょ？

イルカ　確かに。…じゃあ、リモコンがカンタンに見つかるためにはどうすればいい？

ももこ　さあね。色をつけても見えないし、匂いだと嫌だし。「リモコンどこ？」って呼べば「ここだよ！」って応えてくれたらいいのに。

イルカ　それはいいな。

ももこ　できれば、置き忘れると「忘れてるぞ！」って言ってくれるスマホも、誰か開発してほしい。

イルカ　それもいいな。

ももこ　でも…そんな発想でいいの？

イルカ　新しいビジネスは、そういうパッとした思いつきから始まるんだ。

ももこ　ふうん。思いつきねえ…

イルカ　そう。とにかく、新しいアイデアを思いつきたかったら、まず、ムズカシイことを並べて、それをカンタンにすればいい。

ももこ　なるほどね…。アタシでもできそう。いっそ、会社つくろうかしら。

イルカ　それは…やめた方がいいな。あとで痛い目にあう。

ももこ　そうね。まあ、ハガキの人も、目を覚ました方がいいわね。

イルカ　じゃあ、そろそろ、それくぐっていいか？

ももこ　もちろん、心ゆくまでどうぞ。

第三章　伝わる考え方のメソッド

毎日と未来をもっとよくする、
コミュニケーションの考え方。

第三章［第七話］

離婚寸前の夫婦が、仲睦まじい夫婦になった理由とは？

相談者「二丁目時代のももこの親友　クリス太田（34歳）」

モモコ、ようやく見つけたよ。いきなりディスアピアだもの。まあ元気ならイッツオッケーだけどさ。ここ、いろんな人に聞いてようやく突き止めたのよ。あ、今日

はリルビット話があってさ。実はダーリンと離婚しようかと思ってんの。彼にはレディーファーストっていうマインドがないのよね。九州男児は亭主関白なんだって威張っててさ。アタシの気持ちとか何もわかってくれないのよ。離婚はもうディサイドしたの。確かにヒーイズアグッドマン。バット、アタシの気持ちが通じないんだよね。彼のためにいろいろやってるのに、ちっとも喜ばないし。相談？　オフコース、いろんな人にしたわよ。え？　イルカ？　相談に乗ってくれる？　あ、何かのイベントなのね。オッケー。これも何かの縁だしね。ナポリタンをおごるわけ？　へえ、アンタ、まだあのパスタつくってるの？　変わんないね。じゃあ、あのクリス・スペシャルは？　ほら、あんこ入りのナポリタン。それで、相談に乗ってくれないかしら？　プリーズ。

クリス　あんことケチャップが、ベストマッチなのよね。

イルカ　味を想像するのが恐ろしいな。

クリス　リアリー？　すっごくおいしいのに…残念。じゃあ、みつ豆とアイスクリーム入りのクリス・ウイークエンド・スペシャル・ナポリタンは？

イルカ　そんなのをだんなに出してたのなら、それがケンカの原因だ。

クリス　それはダーリンの大好物なの。

イルカ　ある意味…お似合いだな。じゃあ、もう1つ聞くが、そのエンゼ※ルフィッシュみたいな服についてはどう言ってる？

クリス　あ、これ？　ダーリンが買ってくれたの。素敵でしょ。

イルカ　…たぶん、あんたたち以上にセンスがぴったりな夫婦はいないと思うぞ。

クリス　うん。わかってる。でも無理なの。

イルカ　何で無理なんだ？

クリス　だから、女性に対する考え方が合わないのよね。「俺は亭主関白

エンゼルフィッシュ
南アメリカ・アマゾン川なんかに生息。派手なシマシマと、ひらひらしたひれは、まさに…昭和の演歌歌手。魚仲間では「派手好き」として有名だ。

だ！」とかって言って、偉そうにしててさ。こっちも、アメリカン・ガールだから我慢できないわけ。

イルカ　そういうのを我慢するのも結婚じゃないのか？

クリス　我慢してるけど、それだけはダメなの。全部変えてほしいんじゃなくて、ただ、レディーファーストを心がけてほしいだけなんだけど。

イルカ　なるほど。でもそのあんたの気持ち…

クリス　イエス。

イルカ　**伝わっているか？**

クリス　パードン？

イルカ　英語か日本語かどっちかにしてくれ。

クリス　じゃあ日本語で。英語、忘れかけてるし…

イルカ　そうなのか。で、あんたの気持ちは伝わってると思うか？

クリス　そう思うわ。だって毎日、その話ばかりしてるもの。

イルカ　たとえ毎日話をしても、伝わらないものは伝わらない。そもそも、※相手に何かを求める前に、あんたは何かやってるのか？

クリス　もちろんよ。ダーリンが喜びそうなことをいろいろやってるわ。

イルカ　たとえば？

クリス　クッキングスクールに通って料理の作り方も覚えたし、彼の部屋もきれいに片付けるし、趣味の釣りにも付いて行くようにするし。

イルカ　それは本当にダンナが求めていることか？

クリス　だって、おいしい料理は嬉しいでしょ？　部屋がきれいになればスッキリするし、釣りにも付き合ってあげてるわけだし。

イルカ　それはあんたのエゴだな。本当に相手が喜ぶかどうかわからない。

クリス　ひどい言い方ね。エゴってどういうこと？

イルカ　まあ、よく言う「ありがためいわく」だ。

クリス　めいわくって何よ！　じゃあどうすればいいって言うの？

相手に何かを求める前に

何かお願いをする時、先に、こちらが相手のためになることをしておくと、相手の気持ちは前向きになる。これ、当たり前のことだけど、忘れがちなんだよな。

イルカ　# なりきり！

クリス　なにそれ？

イルカ　**相手のために考えるんじゃなく、相手の立場ならどうするかを考えるメソッド。**自分が相手にしてあげたいコトじゃなく、相手が本当にしてほしいコトを見つけられるんだ。そうすれば、コミュニケーションで本当に大切なことが見えてくる。それが、**伝わるメソッド⑮「なりきり」**※だ。

クリス　私の思いやりがエゴとは、聞き捨てならないわね。その「なりきり」って何なのよ。もうちょっと説明してよ。

イルカ　相手のためにと思ってても、相手のためになってないことは、本当に多い。それのほとんどが、相手の立場に「なりきって」考えてないことが原因だ。たとえばこういうことがある。海外からの観光客のために標識※にローマ字を書いたのはいいが…

伝わるメソッド⑮
「なりきり」
ここまで何度も話してきた「相手の立場」に立って考えることをメソッド化したもの。自分が相手の立場なら、こう考えるかもしれない…、と想像するだけで、今までとは違った答えが生まれるんだ。

標識にローマ字を
2020年の東京オリンピックに向けて、英語表記で統一する動きもある。地名だから、そのままローマ字で表記すべきだって主張もあるが、やはり海外からの観光客にはわかりにくい。

クリス　確かに、これ、読めても意味がわかんないのよね。

イルカ　国際化を目指して努力しても、結局、海外の人が見た時に、「何が書いてあるかわからない」ものじゃ意味がない。

クリス　そうそう、最近思ったんだけど、牛乳パックの開き口に書いてある「両側に開いてください」って言葉、開く前には見えないのよね…。あれ、何の意味があるのかしら？

イルカ　ははは。キューキュー。あれはひどいな。そういう「相手の立場」

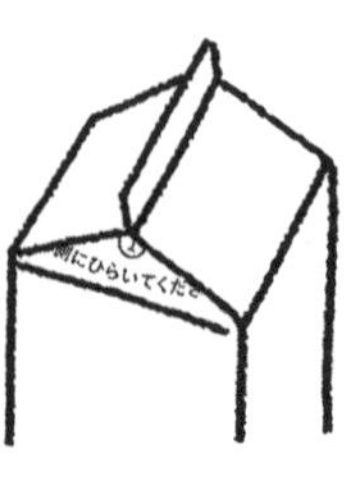

で考えてないモノって本当に多いんだ。

クリス　他にもいっぱいありそうね。

イルカ　ああ、そうだな。でも逆に、相手の立場でしっかり考えているモノもある。たとえば、空港にある看板には、

日本に帰国した人に、日本語で「おかえり」、海外からの観光客には英語で「ようこそ」と書いてあるんだ。

クリス　あ、知ってる。そう言われれば、そうね。

イルカ　カンタンなことだが、そこに気づくことが大切。とにかく常に「相手の立場になりきって考えること」が基本なんだ。

クリス　それはわかるけど、だからって、私の思いやりが、相手のためになってないとは限らないじゃない。

イルカ　それを確かめるために「なりきり」メソッドはあるんだ。

クリス　どういうこと？

イルカ　順に説明するぞ。まず、「相手に伝えたいことや、してあげたいこと」を書く。次に、私が「相手」の立場なら「×××」と考えるかもしれないと想像する。そうすれば、自分がやりたいコトじゃなく、相手がしてほしいことを思い描ける。

クリス　なりきりねえ…

私が相手の立場なら？

イルカ　じゃあ、よくあることで例題をつくろう。たとえば、別の女性といるところを彼女に見られた時の言い訳だと…

違うんだ。あれは同僚で、たまたま二人になっただけなんだ。

⬅

私が「彼女」なら「×××」と思うかもしれない。

Ⓐ「嘘つかないでよ！　バカにしてるわね」
Ⓑ「正直に言ってくれたら、許してあげるわよ」
Ⓒ「何か買ってくれたら、忘れてあげるのにな」

女心はムズカシイが、こうやって**「相手」の気持ちを、※目に見えるようにして考えると、発見が多い。**もちろん、相手の気持ちの例はいくつ考えてもいい。思いつくことを書けば、相手の気持ちがわかってくる。そうすれば、

目に見えるようにして考えると、発見が多い
頭の中だけで考えていると、こんがらがったり、モヤモヤしたりする。そんな時は、頭の中にあるコトを文字で書いてみるといい。頭がスッキリして、アイデアがひらめいたり、考えがまとまったりする。まさに、思考の「見える化」だ。

自分の気持ちが「伝わる」ために何を言えばいいかがわかるんだ。他※にも使えるぞ。たとえば、上司に頼まれていた書類を遅れて出す時には…

課長、これ、少し前に頼まれていた書類です！

⬅

私が「課長」なら「×××」と思うかもしれない。

Ⓐ**「遅すぎる！ 何やってたんだ！」**

Ⓑ**「こんなの頼んでたっけ？」**

Ⓒ**「いま部長に怒られたんだ、それどころじゃない」**

こんな風に、部長の立場になりきって想像すれば、Ⓐ「時間をかけて、精度を上げてました！ と言おう」とか、Ⓑ「頼まれた時の資料もいれておくか」とか、Ⓒ「部長が指摘してた部分をうまく加えておくか」のようなアイ

※他にも使える

お店のイベントやチラシを考える時にもこのメソッドは使えるぞ。たとえば…

5のつく日は、5％オフ！

⬅

私が「常連客」なら「×××」と考えるかもしれない。

Ⓐまた5％オフなの？

Ⓑ他の店の方が安いわよ！

Ⓒ生鮮品を10％にして！

こんな風に、買う側の立場に立って考えるだけで、より人が集まるアイデアが考えやすくなるんだ。

デアを考えつく。それも「伝わる」コミュニケーションとして大切なことだ。

クリス　ふうん。邪魔くさそうだけど、大切ね。

イルカ　話を戻そう。先ほどのあんたの話だと「ダンナにおいしい料理を食べさせたいからクッキングスクールに通って料理の作り方も覚えた」と言ってたが、これを「なりきり」メソッドにそって考えると、

　ダーリンのためにクッキングスクールに通って料理をつくってる。

⬅

私が「ダーリン」の立場なら「×××」と考えるかもしれない。

Ⓐ **「毎日西洋料理じゃつらい」**

Ⓑ **「カロリーも気にしてほしい」**

Ⓒ **「日本の家庭料理が食べたいなあ」**

こうやって考えてみれば、自分の視点だけじゃなく、いろんな答えが思い浮かぶだろ？　まずは、徹底的に相手の立場に立って考える。そうするかどうかで、自分の行動がエゴかそうじゃないかが決まるんだ。

クリス　確かにダーリンは九州に帰った時に、お母さんの料理を褒めちぎってたけどさ。でも、百歩譲ってそういう行動が間違いでも、関係ないでしょ。アタシはレディーファーストになってほしいのよ。

イルカ　あんた、蕎麦アレルギーを知ってるか？

クリス　蕎麦アレルギー？　友達にいるけど、それがどうかしたの？

イルカ　あんたはその友達に蕎麦の良さを伝えるか？

クリス　伝えないわよ。だって、伝えても食べられないもの。

イルカ　そうだ。蕎麦がいくらおいしくても、その人には「毒」だからな。蕎麦で有名な村なんか「猛毒の村」だ。同じように、ある人には当然のことでも、ある人にはどうしても受け入れられないってこともあると思うぜ。

クリス　そんなの…わかってるわよ。

イルカ　**１つの方向から見るだけだと真実はわからない。**世界の紛争も、宗教的な対立も、片方の意見だけじゃどちらが正しいのかは決められない。あの「英雄ナポレオン」も、征服された人からすると、ただの侵略者だしな。

クリス　確かに自分の視点だけで人を判断するのはダメだと思うわ。でも、アタシにとってレディーファーストは本当に大切なの。だからそれがダメなら、別れるしかないわけ。本当に…残念だけど。

イルカ　ダンナのどういうところがダメなんだ？

クリス　アタシのためにドアを開けたりしないし。椅子もひいてくれない。ディナーの料理はすべて自分から取るし。何もかも自分が先なのよね。

イルカ　まあ、日本人はそういう男が多いな。でもどうしてそうするのかって、考えたことないか？

クリス　だって、男の方が偉いって思ってるだけだろうし。

イルカ　実はそうとも限らない。日本では昔から武士道※として、危ない場所に自らの身を投げ出すのが、正しいと考えられてきた。つまり、扉をあ

※武士道として

女性よりも男が先という考えは、武士道の考え方なのかもしれない。見方が変われば答えが変わる。本当の答えは１つじゃないんだ。

けて女性を先に差し出すのは、武士道としてひどい行為なわけだ。だから、危険かもしれない場所へは扉をあけて先に出て行く、道では女性を守るために先を歩く、毒味という意味で先に食べる。それは必ずしも女性軽視ではないだろ。

クリス　それは…初めての考え方だわ。

イルカ　あんたの生まれた国の文化と日本の文化。どちらが悪いとか、いいとかって問題じゃない。**たとえ理解できなくても、どちらも大切にする。**それができればもっとうまくいくかもしれない。

クリス　あなた…面白い考え方するわね。話がちょっと強引だけど…言いたいことはわかったわ。

イルカ　あるホテルチェーンの社員教育で面白いことを聞いたことがある。欧米や日本では「何も言わず、積極的にお客様を手助けしなさい」と教えるのに、インドでは「タダで、お手伝いしましょうか？」と言いなさい、と教えるらしい。サービスを受けることで「お金を取られるかもしれない…」とその客が思う前に先回りするわけだ。

クリス　国によって、本当に、違いがあるわね。

イルカ　相手の気持ちってのは、国によっても、立場によっても、時間によっても変わる。だから、**自分の気持ちだけで「相手のために」と行動するんじゃなく、その時の「相手の立場」になって考えることが大切**なんだ。

クリス　確かに、日本の男性の立場では、考えてなかったわ。そう言われれば、彼のやってたことは日本流のレディーファーストなのかもしれないのね。

イルカ　そうやって、相手を理解しようとすることがすべてのはじまりだ。政治も、ビジネスも、教育も、恋愛も、なんだって一方的な思い込みで考えるとおかしくなる。徹底的に相手の立場に立てば、きっと、戦争もなくなると思う。まあ、あんたのダーリンの場合は、ただの男のエゴかもしれないけどな。ははは。キューキュー。

クリス　それでもいいわ。ちょっと頭を冷やして、じっくり話してみる。さっきの「なりきり」メソッドってのを使ってね。

イルカ　悩むほど好きなんだから、きっとうまくいく方法が見つかるだろ。
クリス　できるだけ頑張ってみるわ。あ、モモコ、また来るわね。今度は、
あんたとママとの問題を話すためにね。

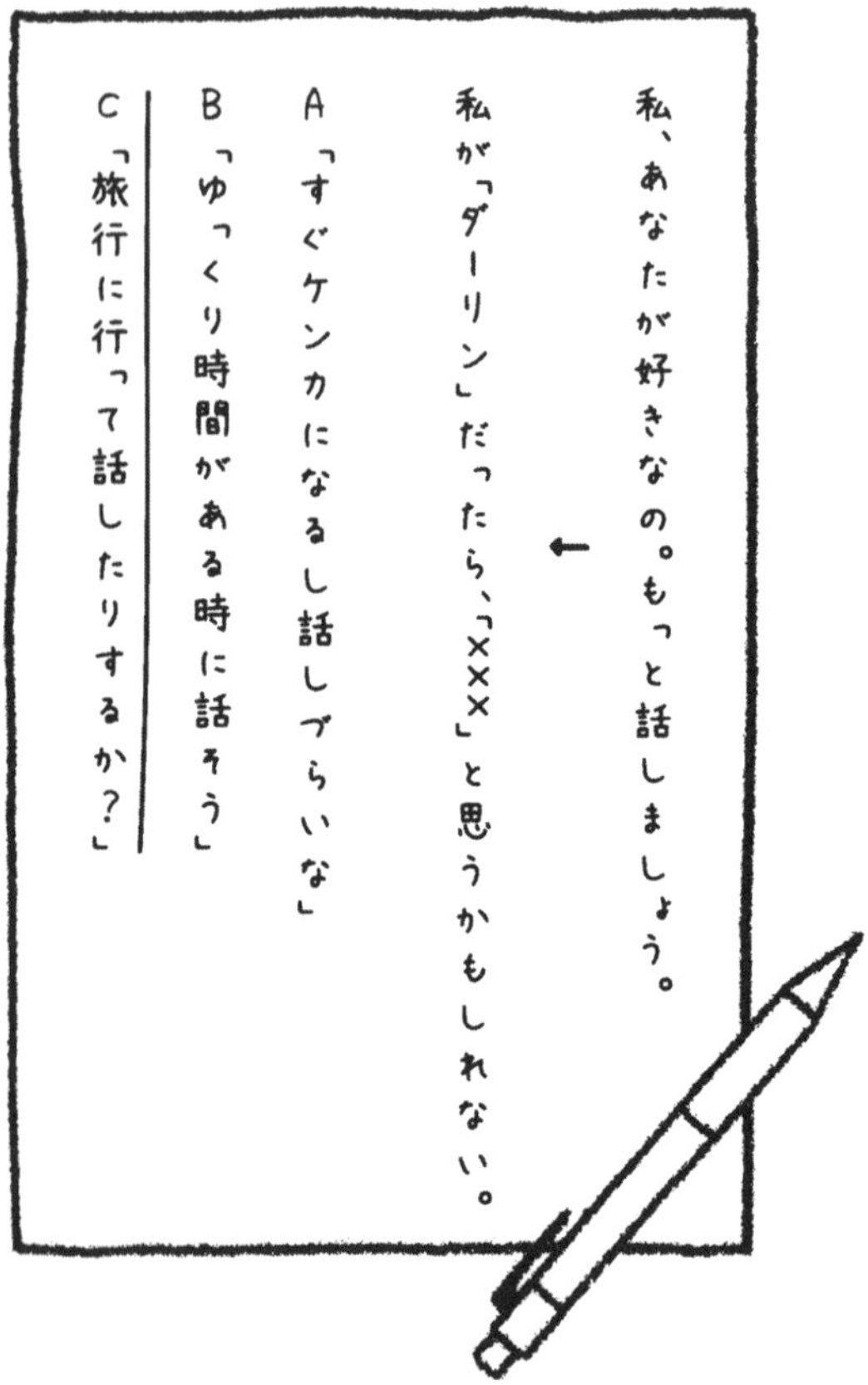
私、あなたが好きなの。もっと話しましょう。
私が「ダーリン」だったら、「×××」と思うかもしれない。
A「すぐケンカになるし話しづらいな」
B「ゆっくり時間がある時に話そう」
C「旅行に行って話したりするか？」

本日のイルカ語録

わからないことが
当たり前だと思えば、
わからない人の気持ちも、
わかるよね。

第三章　［第八話］

嫌われ者だった部長が、部下に慕われる憧れの上司になれた理由とは？

相談者「例のブサイク二人の上司　大田原源蔵（56歳）」

はい。嫌われてる理由は、おそらく、小うるさいからでしょう。若いヤツの仕事が甘く感じてしまって、どうしても強い口調になってしまうのです。彼らの為を思っ

て言っているつもりなのですが、時代が違うのでしょうね。昭和じゃないんだから…と、妻にも呆れられております。はい。今日話したいのは部下の話です。実は、業績が悪いということでウチの部が目をつけられまして。部下を集めてそのことを言ったのですが、全く士気が上がらず困っております。もっと頑張れと発破をかけても、なかなかやる気になってくれないのが現状です。そこで悩んでおりましたところ、突然、いつになくいい案を出してきた部下がこちらでお世話になったと…聞き出しまして。はい。昭和世代なもので時代遅れだと思いますが、もしよろしければご指導をと、大田原源蔵、お願いに参りました。今日は混雑してるので、もし、出直して来いということでしたら、明日にでも出直しますので。はい。何卒、よろしくお願いいいたします。

イルカ　堅そうだな。

大田原　何がでしょう？

イルカ　あんたの名前も話し方もだ。※カブトガニぐらい堅い。たぶん、仕事の仕方も堅いんだろ？

大田原　カブトガニは知りませんが…。昔から堅物と呼ばれてます。やはりそれが問題でしょうか？

イルカ　まあ、それもあるだろうけど、それだけじゃないな。

大田原　と言いますと？

イルカ　あんた、部下から信頼されるために何か工夫してるか？

大田原　部下との間では、仕事のやりとりはしますが、工夫は…特に何もしておりません。

イルカ　だろうな。**何もしてないと信頼はされない。信頼されてる人は、実は、努力してる。**

大田原　なるほど。部下にも気を遣わないといけない時代なのですね。

カブトガニ
瀬戸内海や九州に多く生息したが、今はあまり見かけない。大昔からカタチが変わってない生きた化石で、殻が硬い…まさに昭和のおじさんのような生き物だ。

イルカ　いや違う。時代に関わらず、信頼されるためには努力がいる。もちろん愛されるためにも努力がいる。

大田原　愛されるためにも…ですか？

イルカ　愛されるためにもだ。

大田原　難しいですね。私は、※不器用なのでそういうのが苦手でして。

イルカ　それがいけない。日本人の中には不器用だからと言ってコミュニケーションから逃げるヤツが多いけど、不器用でもできることはたくさんある。不器用だからと逃げているだけじゃ、信頼されない。

大田原　耳が痛いです。

イルカ　まず、あんたは部下の士気をあげようとしたと言ってたが、いったい何て言ったんだ？

大田原　部の危機なんだから、みんな今まで以上にしっかり頑張ってくれ…と言いましたが。

イルカ　あんた、部下から信頼されて、もっと部下がやる気を出すことを

不器用なので
不器用を売りにして女性にモテるのは、コミュニケーションの達人のすること。間違っても「不器用な方がいいや」なんて思わないことだ！

望んでいるんだよな？ そのあんたの気持ち、

大田原　はい…

イルカ　**伝わっているか？**

大田原　きっと…伝わってないと思います。

イルカ　だろうな。ところであんた、部下を動かすためにいろんな言葉を使って信頼してもらうことは、部下に媚びることだと思ってないか？

大田原　そう言われれば…そうかもしれません。

イルカ　それじゃダメだ。まず、**部下に媚びると考えるのはやめて、部下のやる気を引き出すアイデアを考えてると思えばいい。**

大田原　アイデアですか？

イルカ　そうだ。人を動かすにはアイデアがいるからな。アイデアを考えて、それを部下にぶつけるのなら楽しそうだろ。

大田原　楽しい…なんて、そんな風には考えたことなかったです。

イルカ　じゃあ、今日から楽しくしよう。それでは始めるぞ。まず、チームのメンバーをマネジメントしようとするには3つの段階がある。**「命令」**※**「実行」「運営」だ。命令は、部下への指示の方法。実行は、部下の能力を最大限に活かす方法。運営は、先の2つを踏まえてチームの意識を高める方法。**その3つの段階でアイデアを考える必要がある。

大田原　難しそうですね。

イルカ　わかれば難しくない。じゃあ、1つずつ話していこう。

大田原　よろしくお願いします。

イルカ　まずは「命令」だが…、あんたはどういう風に仕事を命令してた？

大田原　はい。仕事の命令ですから…「こういう仕事があるから頑張ってやりなさい」という感じです。

イルカ　じゃあ聞くが、仕方なくやる仕事と、やりたいと思ってやる仕事とどっちが効率いいと思う？

※「命令」「実行」「運営」
この3つをしっかり意識すれば、うまく部署が運営できる。逆に、部下の立場でも、この3つを意識すると、高いレベルで仕事ができるようになるぞ。

大田原　それは、もちろん「やりたい」と思ってやる方でしょう。

イルカ　でもあんたは、媚びるのが嫌だと思って、部下に仕事の命令をそのまま伝えていた。人は命令されると拒否したくなる。仕事だからやれ！と言われたら、仕方なくやるけど、やりたいとは思えない。つまりあんたは、部下のやる気を出させないように仕事をさせてたってことだ。それじゃ、部はダメになるだろうな。

大田原　…そうストレートに言われるときついですね。でも、私の責任です。

イルカ　そうやってすぐに「自分の責任」と言うのも、一種の逃げだから、やめた方がいい。そうだな…あんたには積極的に何かするんじゃなくて、まずはいろいろ禁止してみよう。

大田原　禁止ですか？

イルカ　まずは、そうだな、**なんだから禁止！**

大田原　なんだから？

イルカ　何もアイデアを出さずに、部下に命令する上司に限って、よく「なんだから」を使う。たとえば、

時間がないんだから、早く仕上げてくれよ！
君ももう課長なんだから、部下にしっかり指示を出しなさい。
いい給料払ってるんだから、ちゃんと働いてくれよ！

大田原　私も、確かに言ってるかもしれません。

イルカ　人を注意する時に「◯◯なんだから」と前置きをするヤツは多いが、これはほとんど逆効果だ。他の場合でもよくある。

男の子なんだから、人前で泣いてはいけません。
誕生日なんだから、いいレストランに行きたいわ。

美術館なんだから、静かにしなさい。

大田原　逆効果…なんですね。

イルカ　「〇〇なんだから」という言葉は、人に注意を促すけど、相手にとって嬉しくない。だからその命令に従いたくない。「仕方がないな」と思わせるコミュニケーションは、よくない上に、逆に怒りを生むこともあるので注意が必要だ。

大田原　勉強になります。

イルカ　実際には「なんだから」と言ってなくても、同じように人を追いつめながら、命令してしまうことが多いんだ。

大田原　じゃあ、どうすればいいんでしょう？

イルカ　**スリーポイント！**

大田原　ああ！　バスケットボールの！

イルカ　違う。「命令」で使える、**伝わるメソッド⑯「スリーポイント」**※。誰でも、たった3ステップで、「伝わる言葉」が書ける魔法のメソッドだ。「目的」と「相手の気持ち」と「その解決策」という3つのポイントを考えて、言葉のアイデアをつくるんだ。たとえば先程の例だと…

男の子なんだから、人前で泣いてはいけません。

↓

目的：人前で泣かせない
相手の気持ち：悲しいのは仕方がない
解決策：泣いていいけど、人前じゃなければいい

↓

悔しかったら泣いていいよ。友達に見られるから、部屋にいくかい？

伝わるメソッド⑯
「スリーポイント」
ここまで読んでも、やっぱり「伝わる言葉」なんか書けないよ！という人のために！伝わる言葉を書くプロセスを3つに分けたメソッド。目的を明確にしつつ、相手の立場で精度の高い「伝わる言葉」が書けるぞ。

誕生日なんだから、いいレストランに行きたいわ。

←

目的：いいレストランに行きたい

相手の気持ち：そりゃ行きたいけどお金がない

解決策：思い出づくり＋後で節約しよう

←

ねえ、誕生日の思い出にいいレストランに行かない？
それで、明日から1週間ほど節約しましょ。

大田原　確かに、そう言われれば、相手も、行ってもいいかと思いますね。

イルカ　相手の立場に立てば「お金がないから行けない」という心理にたどり着く。そこを救うように話せば、相手も気持ちが変わるんだ。

大田原　なるほど。これは為になります。他にもありますか？

イルカ　そうだな。たとえば、子どもを静かにさせたい時も、

美術館なんだから、静かにしなさい。

⬇

目的：子どもを静かにさせる
相手の気持ち：黙ってられない
解決策：理屈じゃ無理なら遊びにする

⬇

黙って絵を見るゲームをしよう。
絵の中の色が何色あるかわかった人の勝ちだ。

大田原　これも、効果的ですね。

イルカ　そうだろ。人に何かを命令してるけど、言い方が違うから、命令に思えないんだ。ここに出した解決策は一例で、人と状況によっていろい

ろ考えればいいんだ。

大田原　でも普段の仕事で使うのは難しそうですね。

イルカ　まあ、伝わるメソッドの中では応用篇だが、考え方のクセをつければ、仕事でも簡単に使えるようになる。たとえば、

時間がないんだから、早く仕上げてくれよ！

⬅

目的：期限以内で仕上げさせる
相手の気持ち：精一杯頑張ってますよ！
解決策：理解する↓期待する

⬅

頑張ってくれているとは思うが、
期限内にできるかは君にかかってる。しっかり頼んだぞ。

大田原　理解と期待か…。確かに、やる気が出そうですね。

イルカ　もっとシビアな話をする場合にも…

いい給料払ってるんだから、ちゃんと働いてくれよ！

⬅

目的：ちゃんと働かせる
相手の気持ち：自分的にはちゃんと働いてる
解決策：特別待遇＋共同責任

⬅

君は他の人と違って特別待遇にしてるから、
頑張ってくれないと俺が困るんだ。

大田原　なるほど。特別待遇と共同責任…。これなら、頑張りますね。

イルカ　言葉を変えただけでコミュニケーションがスムーズになる。もちろん媚びてるわけじゃない。ただ言葉を潤滑材にしてみんなが気持ちよく動けるように命令してるだけだ。

大田原 これ…私でもできるようになるんでしょうか？

イルカ まずはメソッドを真似てやってみる。そうするうちに自分流のアイデアがストックされてくる。そうなれば、どんどん早くなるし、うまくなっていくんだ。

大田原 とにかく、やってみろということですね。

イルカ そうだな。ところで、あんたの部の成績はそんなに悪いのか？

大田原 私の部は商品企画を担当しているのですが、いつも隣の部に先を越されてるんです。

イルカ ちなみに、あんたは部下にいつもどんな風に仕事させてる？

大田原 自由に考えていいから、とにかく面白いものを考えてくれと言ってます。会社を説得するのは私の役割だし。部下にはせめて自由に考えさせたい。そこだけは部下も、私を評価してくれてると思います。

イルカ　それはダメだな。まったく逆効果だ。

大田原　え…逆効果？　どういうことですか？

イルカ　面白いアイデアを発想したいのなら、※**自由禁止！**

大田原　また禁止…

イルカ　**自由に考えたら、面白いことは生まれない。**自由に考えて面白いことを考えられるのはアーティストだけだ。

大田原　でも…自由な方がいいですよね？　いっぱいルールがあるより考えやすい。世の中みんなそう言ってるじゃないですか。

イルカ　そうだな。特に偉い人たちはよく「もっと自由になれ！　枠にはまるな！　前例を無視しろ！」って言う。でも、あれは間違い。大ウソだ。**ルールがある方が人は、はるかに考えやすい**からな。

大田原　それだと、私、完全に間違ってたってことですよね？

自由禁止！

自由な方が考えやすいなんて大ウソ。ルールがある方が、人は考えやすい。ルールの中で、ルールで遊べば、面白いことが発想できる。

イルカ　まあそういうことになる。たとえば、

面白いことを考えよう。

より

10秒で面白いことを考えよう。

の方が、実は考えやすい。「何でもいい」と言われると、何から考えていいかわからないけど、10秒という「制限」があると、まず、それをクリアしようとするから「アイデア」が考えやすくなるんだ。

大田原　…確かに。

イルカ　**人はルールがないと、どう考えればいいかがわからなくなる。**たとえば、自由に面白い絵を描けと言われても、大きさや、場所や、目的がなければ途方に暮れるだろ？　それよりも、この画用紙に、鉛筆だけで、人が笑顔になる絵を描けと言われた方が、アイデアを考えやすい。

大田原　なるほど。言われるとそうですね。…目からウロコです。

イルカ　**※ルールがあれば、考える「とっかかり」ができる**んだ。ルールの中でどうやるか？　その制限をうまく切り抜けたり、それを壊すこともできる。ルールはある意味「常識」だから、それをひっくり返そうと考えれば「常識を超えたアイデア」になる。他にもルールがある方が考えやすいっていう例はたくさんあるぞ。

美しい絵を描こう。

より

3色だけ使って美しい絵を描こう。

日本の未来を考える。

より

隣国と仲良く暮らすために、日本の未来を考える。

※ルールがあれば、考える「とっかかり」ができる
前ページの例で言えば、人が笑顔になる絵を描くというルールがあることで、「どういう絵が人を笑顔にするか」と考えはじめられる。さらに「これじゃ笑顔にならないな」と判断する指標もできる。みんな、自由に考えるから、考えられなくなるんだ。まず、どこで、どんなものを考えるかのルールをつくる。そうすれば、誰でも、いいアイデアが考えられるようになるんだ。

面白いビジネスを考える。
より
予算10万円で面白いビジネスを考える。
より
予算0円で面白いビジネスを考える。

大田原　予算0円で…とは、もはやクイズのようですね。

イルカ　そうなんだ。実は**ルールが厳しくなるほど、それを超えるアイデアを考えるのが楽しくなってくる。謎解きやクイズに近くなるからな。※ルールは敵じゃなく、味方なんだ。ルールをつくって、ルールで遊ぶ。それが、アイデアを生む秘訣ってわけだ。**

大田原　ルールが味方とは…、私が言ってたことと全く逆です。

イルカ　人は、ルールという「とっかかり」がないと考えづらい。だから自

ルールは敵じゃなく、味方
ルールは守るためにあるだけじゃなく、アイデアを考えるきっかけになる。だから、厳しいルールや厳しい条件があることを前向きに考えれば、新しいアイデアを生むことも可能だ。

由に考えさせるのは、一見、良さそうだが、実は、最低な指示なんだ。

大田原　じゃあ…私は、最低な指示を部下に出していたと？

イルカ　まあ、そうなるな。ははは。キューキュー。

大田原　頭がクラクラしてきました。すいません、これから私は部下にどう指示すればいいのでしょう？

イルカ　簡単だ。そんな時には…

ムリヤリルール！

大田原　無理矢理？

イルカ　そう。**伝わるメソッド⑰**※**「ムリヤリルール」。ルールがない時はムリにルールをつくる。ある程度のルールがある時も、もっと縛り付けるルールを決めてから考える。**それが「実行」で使える、「ムリヤリルール」。このメソッドは簡単。考える時に無理矢理にルールをつくって、そのルール

※伝わるメソッド⑰
「ムリヤリルール」
自由に考えよう！と言うのをやめて、ルールをつくってみよう。仕事ではもちろん、子どもたちへの教育でも、ある程度のルールをつくってあげた方が、逆に、柔軟に発想することができるぞ。

で考えてみるだけ。たとえば…

明日までに思いつくこと。
10年後にも残っていること。
10文字以内で説明できること。
1万円以内でできること。
1年以内に100億円稼げること。
売れるけど世の中のためになること。
おばあちゃん、おじいちゃんが元気になること。
実現不可能なこと。

大田原　実現不可能なこと…ですか?
イルカ　ははは。キューーキュー。確かにそれは極論だが、あるテレビ番組の企画会議で、そうやって考えたアイデアが、実際に実現されたこともあるんだ。とにかく、面白いアイデアを考えたい時は、※実現不可能なこと、というルールで考えるのもいいかもな。

大田原　ムリヤリルールとは、面白い発想法ですね。面白いアイデアが必要な時には使えそうです。

イルカ　面白いだけじゃなく、真面目なアイデアをつくる時にも効果がある。学校やお役所はもちろん、普段の仕事でも十分使えるんだ。その時々に、その仕事で必要な「ムリヤリルール」をいくつか考えて…

大田原　部下に言えばいいのですね。

イルカ　ああ、その通り。それを実行したら、アイデアがたくさん出るぞ。

大田原　実践してみます。

イルカ　よし、じゃあ最後の「運営」だ。命令と実行がうまく行っても、運営がうまく行かなければモチベーションが維持できずに、ダメになる。

大田原　そこが重要なんですね。

イルカ　そうだ。その「運営」をする上で上司にとって最も重要なのは何だ？

実現不可能なことを考える

実際に「実現不可能なこと」を考えていく中で、面白いテレビ企画が次々と生まれている。普段の仕事では使えないが、「ここぞ」という時には試すといいかもな。

大田原　何でしょうか？

イルカ　**仲良し禁止！**

大田原　禁止には、もう慣れたのですが、仲がよくないとチームがうまくいかないのではないでしょうか？

イルカ　上司と部下が仲良くなる必要はない。憧れられればいい。

大田原　憧れ…ですか？

イルカ　チーム運営の基本は、上司が部下と向かい合うことじゃなく、上司が一緒の方向を向いて目的を指し示すことだ。

大田原　一緒の方向を向く？

イルカ　上司が部下の一人ひとりと仲良くなっても、仕事は前に進まない。それよりも、みんなと一緒の方向を向き、リーダーとして、はっきりした目的を指し示してくれる方が、心強い。この「心強い」というのがチームに信頼を生み、結束を固めるんだ。

大田原　理屈はわかりましたが、私はこういう性格で、こういう顔なので、人に憧れられたことがないのです。だから、正直、どうすればいいのか全くわからないのですが。

イルカ　そんな時には…

永久指標！

大田原　は？

イルカ　「運営」に使える、**伝わるメソッド**※**⑱「永久指標」**。ブレない指標で、チームのモチベーションとパフォーマンスを上げるんだ。**部下が上司に憧れる最大のポイントは「信頼」だ。何があってもブレないこと。そして、裏切らないこと。**もちろん仕事の状況が変われば、やるべきことが変わる。その時でも、しっかり部下に向かって、こういう指標で、こういう方向へ

伝わるメソッド⑱
「永久指標」
部下の立場になれば、毎回、ころころと判断基準が変わると腹が立つ。明確な判断基準がないと、どんな優秀な人たちでも、モチベーションが下がる。だからこそチーム運営にとって、指標を明確にして、それをずっと維持することはとても重要なことなんだ。

進むと言えることが大切なんだ。

大田原　こんな顔でも大丈夫ですかね？

イルカ　顔は関係ないな。

大田原　それはよかった。でも、永久指標って何ですか？

イルカ　ここに、※5つのテーマがある。これは永久に変わらないアイデアの指標なんだ。これにそって仕事のアイデアを評価すれば、どんな時代でも、どんな状況でも、いいアイデアが選べる。

Ⓐ　実現性（カンタン）　★★

Ⓑ　発見度（オドロキ）　★★★

Ⓒ　効果度（売れそう）　★

Ⓓ　拡散性（広がり）　★★★

Ⓔ　満足度（クライアント）　★★★★

※5つのテーマ
上記の（　）内は、一般的な仕事の場合。この指標は、仕事以外でも応用できる。たとえば「友達の結婚パーティーの企画」なら、Ⓒの効果度は（話題になりそう）、Ⓔの満足度は（友人の満足度）になるわけだ。

大田原　この5つですか？

イルカ　そう。たとえば、難しい仕事相手なら Ⓔの満足度をあげるアイデアを選ぶ。でも、上のⒶ~Ⓓも同時に考えておけば、世の中にもちゃんと伝わるアイデアになるんだ。こういう指針がないと、すぐにⒶ~Ⓓを忘れて考えてしまう。そうなると、仕事が面白くなくなるから、部下のモチベーションが下がってしまうんだ。

大田原　重要なのは、リーダーの指標がブレないことなんですね。

イルカ　そうだな。そこがブレると、部下が何を基準に行動したらいいか、わからなくなるからな。

大田原　はい。永久指標、肝に銘じます。

イルカ　最初は、面倒だと思うかもしれないが、チームに指標ができれば、チーム員それぞれが、何をすればいいかが明確になる。それが一番大切なことなんだ。

大田原　これを、実践したら、確実に部がよくなると思います。カブトガニのように進化が遅い私ですが、殻を破れるように頑張ってみます。

イルカ　お！　カブトガニからカニぐらいの堅さになったな。まあ、いきなり１００点満点のチーム運営なんかできないだろうけど、一つひとつのメソッドを丁寧に考えて、自分なりのメソッドに育てていけばいい。

大田原　はい。ご教示、ありがとうございました。

自由禁止
自由禁止って
無茶だと思ったけど、
アイデア、考えやすいよな
部長も判断がブレないし。
この部が一番
おもしろいんじゃね?

本日のイルカ語録

ルールをつくると考えやすい。
ルールで遊ぶと面白い。

第三章　［第九話］

潰れかけたゲイバーが、大繁盛した理由とは？

相談者　「ももこがお世話になった
　　　　二丁目の店のママ　金太郎（年齢不明）」

ももこ、久しぶり。繁盛してるじゃない。安心したわ。
まあ、あんたとは一生会わないと思ってたんだけどね。

ちょっと話したいことがあって、居場所をクリスに聞いたのよ。…ねえ、あんた、あの店、継ぐ気ない？ 実はアタシ、店やめようと思っててさ。アタシもいい歳だし、客もおじいちゃんばっかりだしね。数年前までは店の中に入りきれないほど客がいたのにさ…。で、あんたが昔、アタシが引退したらあの店やりたいって言ってたの思い出してね。もしかして継いでくれるかなって思ったから来てみたんだけど…。やっぱり、ダメよね。そうよね、わかった。まあ、こんなに流行ってる店やってるんだから、戻らなくて当然よ。でも、スッキリした。これできっぱりあの店、あきらめるわ。え？ もう一回、繁盛させればどうかって？ それは無理でしょ？ 若い人はもっと新しい店に行くしさ。えっ？ イルカに相談？ ああ、あの話ね。クリスに聞いたわ。あれがそうなの？

イルカ　ついにダイオウイカ※の登場ってとこだな。ははは。キューキュー。

金太郎　失礼ね。女王イカよ。ちょっとお酒ちょうだい。イルカとなんかシラフで話してられないわよ。まああんたも飲みなさいよ。飲めるんでしょ？

イルカ　そうだな。じゃあ、塩水。

金太郎　し、塩水？

イルカ　まあな。塩水が好きなんだ。…それで、あんたのゲイバー、もう一度繁盛させればいいんだろ？

金太郎　ああ…その話ね。ムリムリ。気持ちは嬉しいけどさ。そんな甘いもんじゃないから。

イルカ　やってみなきゃ、わかんないけどな。

金太郎　まず、お客が来ないわよ。こっちがどんなに来てほしいと思ってもね。ほんと、甘いもんじゃ…ないから。

イルカ　あんたのその来てほしいって気持ち。

金太郎　何よ？

ダイオウイカ
20ｍ以上の大きさにもなる大きなイカ。目が30㎝もあって、暗闇でもいろんなものが見えるんだ。海で見るとすごい迫力で、まさにダイオウだな。

イルカ　伝わっているか？

金太郎　そりゃ伝わってないわよ。

イルカ　投げやりだな。

金太郎　いろいろ考えたからね。でも打つ手がなくてさ。まあアタシが適当にお店をやってきた過去が、こういう未来をつくったってことよ。

イルカ　それは違うだろ。

金太郎　違うって何よ？

イルカ　※**未来が過去をつくるんだ。**

金太郎　ははは。過去が未来をつくる、の間違いでしょ？

イルカ　いや違う。どれだけ過去が辛かったとしても、未来で成功すれば、その過去はすべて、成功のための道筋になる。つまり、**未来が良くなれば、どんな過去でもいい思い出になるわけだ。だから、過去についてくよくよ**

※未来が過去をつくる
宇宙物理学者の佐治晴夫さんの話から生まれた言葉だ。先生は、やさしい言葉で、丁寧に、面白く、伝わる話をしてくれる。まさに、伝わる言葉のお手本なんだ。

するより、未来をよくするために努力する方がいい。未来を変えることで過去が変わるからな。

金太郎　ふふふ。いい話ね。でも、それは理想論だと思うな。事実、どうしようもないこともある。

イルカ　そうでもない。この店も、こうして流行ってるだろ。

金太郎　あれ？　ここ、流行ってなかったの？

イルカ　まあな。俺が来た時は、今にも潰れそうだった。

金太郎　へえ…。あんたが何かやったのね？

イルカ　まあ、ちょっとお手伝いをな。

金太郎　っていうか、あんた何者なのよ？

イルカ　イルカ。

金太郎　ふうん。でもこんなに流行ってるんだもの。※ただのイルカじゃないわね。あんたとももこがどういう関係で、何をやったか…ちょっと興味湧いたわ。今夜はなんか面白いことになりそうね。あ、ももこ、お酒、お

ただのイルカじゃない
陸で生きてて、話して、塩水飲んでる時点で、ただのイルカじゃないけどな。それに気づかないで、普通に話してる、金太郎も、ただの人間じゃないな。

かわりね。あんたも、塩水、どう？

イルカ　じゃあ、塩水をロックで。ところでその店は、流行ってたんだろ？

金太郎　ああ…アタシの店？　昔はすごかったわよ。

イルカ　それはなぜなんだ？

金太郎　アタシが面白かったからじゃない。ハハハ。自分で言うなって？

イルカ　なぜ、そんなに人が集まってたんだ？

金太郎　人ってのは、盛り上がってる場所に集まるからよ。行列のラーメン屋に並びたくなるのと同じ。※ノンケの人も多かったしね。

イルカ　なぜ、みんなはその盛り上がりを見つけられたんだ？

金太郎　※なぜなぜなぜなぜなぜ、うるさいわね。これ、何？　取り調べ？

イルカ　**なぜなぜ！**

金太郎　何よ…いきなり、壊れたの？

ノンケの人
異性愛者という意味だな。

なぜなぜなぜなぜなぜ
小さな疑問が、大きな解決への手がかりになる。あのトヨタの工場でも、なぜを繰り返すことで、品質を向上させているんだ。

イルカ　これは、※**伝わるメソッド⑲「なぜなぜ？」**だ。こうやって疑問をどんどん重ねていくと、本当の課題が見つかるんだ。

金太郎　課題だけ見つけても意味ないんじゃないの？

イルカ　いや、**本当の課題を見つけたら、問題の8割は解決してる**と思っていい。解決力も大切だけど、課題を見つける※「課題力」も大切なんだ。

金太郎　ふうん。まあそれなら、それでもいいんだけど。でもアタシ、難しい話は苦手だからね。この後、面白くなるんでしょうね？

イルカ　まあな。じゃあ、続けるぞ。集まってたお客さんたちは、なぜ、その盛り上がりを見つけられたんだ？

金太郎　クチコミでしょ。

イルカ　なぜ、クチコミで広がったんだ？

金太郎　それは…何だろうな？　派手な日があったからかもね。お客はみんなそれを話してたから。ほら、ももこも知ってる「金太郎ナイト」。みんなで金太郎の格好する日。面白かったな…

伝わるメソッド⑲
「なぜなぜ？」
本当の課題や解決策を見つけるための発想法。疑問をどんどん重ねていくことで、頭に渦巻いてる余計な情報をはらって、本当に大切なことに行きつける。途中でやめずに、どんどん、突き詰めることが大切。

課題力
課題発見力のこと。問題が解決しない理由のほとんどは、本当の課題が見つけられてないことなんだ。これからのビジネスに必要だから、みんなも課題力をつけた方がいいぞ。

イルカ　ももこも金太郎の格好してたのか？　怖いな。

金太郎　結構、似合ってたわよね。

イルカ　で、なぜその金太郎ナイトは流行ったんだ？

金太郎　そうね…あの頃はバブルだったこともあったし、お客も派手なお祭りが好きだったしね。まあ、今はああいうの、流行らないけどさ。

イルカ　なぜ流行らないんだ？

金太郎　近頃はみんな、派手なのが嫌いみたい。若い人も、静かに飲んで、愚痴を話したりするのがいいみたいだし。

イルカ　そいつらはなぜ、あんたの店に来ないんだ？

金太郎　ガールズバーとかの方が敷居が低いからじゃないの？　前はノンケの男の子や女の子もいっぱい来てたけどさ。今の人たちには、ゲイバーって敷居が高いみたいね。

イルカ　なぜ敷居が高いんだ？

金太郎　まあ、昔は常連が若い人を連れて来てたんだけど、その常連が歳とって来なくなったからかもね。ノンケの若い人が、突然ゲイバー来るきっかけもないしね。女の子なんか、もっと来る理由ないし。

イルカ　なるほど。じゃあ課題は3つだな。

課題①　常連が歳をとって店に来ない

課題②　若い男性客や女性客が来るきっかけがない

課題③　話題づくりの派手なイベントは流行らない

この3つをクリアすれば、あんたの店はまた繁盛する。

金太郎　カンタンに言うけど、それができれば、苦労しないわよ。

イルカ　まあ、見ててくれ。じゃあ、次に、どうすればいいかを考えよう。

金太郎　はいはい。

イルカ　まずは「新しいゲイバー」について考えることから始めるぞ。

金太郎　新しいゲイバー？

イルカ　そうだ。昔のゲイバーじゃなく、※新しいゲイバーになれば、人の興味は集まる。ところで若い男と女のどちらに来てほしい？

金太郎　そりゃ、女のコよ。

イルカ　意外だな…

金太郎　だって、この時代、女のコが大切なのよ。それに女のコがいっぱい来れば、男も来るでしょ？　いい男も…ね。うひひひひ。

イルカ　ホラーだな。

金太郎　そう？

イルカ　まあいい。じゃあ女のコをターゲットにしよう。まず、女のコが好きなことをたくさんあげてみてくれ。

金太郎　え？　何をするつもりよ？　…まあいいけどさ。女のコの好きなことと言えば…イケメンでしょ。ファッションとかメイク。スタイリストとかメイクアップアーティストの話も雑誌では人気ね。あとネイルにエステ。

新しいゲイバー

面白いゲイバーを考えるのは難しいけど、新しいゲイバーは考えやすい。アイデアを考える時は、とにかくカンタンに考えられるようにすることだ。メソッド⑪「プラス新しい（135ページ）」参照。

ケーキもいいわね。占いも好きだし、カフェに行ったり、温泉行ったり、海外旅行、ショッピング。最近は、料理教室とか、学校も人気よね。

イルカ　この中で、特に女のコに人気なものって何だ?

金太郎　そうねえ…アタシが選ぶなら「イケメン」「スタイリスト」「ケーキ」「カフェ」「料理教室」でしょ。あと、「学ぶこと」とかかな?

イルカ　じゃあその言葉を、「ひらめきスロット」で掛け合わせてみよう。

新しいゲイバー×「イケメン」＝イケメンゲイバー

新しいゲイバー×「スタイリスト」＝スタイリストゲイバー

新しいゲイバー×「ケーキ」＝ケーキゲイバー

新しいゲイバー×「カフェ」＝ゲイカフェ

新しいゲイバー×「料理教室」＝料理教室ゲイバー

新しいゲイバー×「学び」＝学べるゲイバー

金太郎　なにこれ？　むちゃくちゃで面白いわね…

イルカ　これが、新しいゲイバーのアイデアだ。他にもいくらでもつくれる。これで、課題②「若い女性客が来るきっかけ」はクリアするだろ。

金太郎　確かに…。それにしても「ゲイカフェ」って、意外に気づかなかった。呼び方だけでもイメージが変わるのね※。カフェの店長かあ…憧れるわ。それに、学べるゲイバーって、アタシも通いたいもの。

イルカ　いっそ組み合わせて、「学べるゲイカフェ」はどうだ？　その中で料理教室をやったり、スタイリストにファッションの講習してもらったり、メイクアップ教わったり。あんたの周りにはその道のプロも多いだろ？

金太郎　うん。メイクとかファッションを教えられるプロなら友達にいっぱいいるわよ。みんな歳とって、レジェンドって呼ばれてる。

イルカ　ところで、歳をとった客の中には、きっと社長とか教授だった人もいるんだろ？

金太郎　ウジャウジャいるわね。

※**呼び方だけでもイメージが変わる**
ゲイバーをゲイカフェにするだけで、明るくオープンな感じになる。個人的にはジメジメした飲み屋の方が好きだけどな。ははは。キューキュー。メソッド⑬「イメチェン（152ページ）」参照。

イルカ　じゃあ、その「学べるゲイカフェ」で、ビジネススクールでもやればいい。歳をとった常連の人材活用にもなるしな。

金太郎　ははは。ゲイバーでビジネススクール。笑うわね。

イルカ　でも、大学院でも教えてくれないような深い知識を得られる気がするだろ？　昔の客が講師をやれば、店でお酒も飲むだろうから、課題①「常連が歳をとって店に来ない」も積極的に解消できるし、課題③「派手なイベントは流行らない」も解決できる。学びは、話題になるけど、地味だしな。

金太郎　面白いわね。なんだか、ワクワクしてきた。

イルカ　60代ぐらいのおじさんがビジネスとかメイクとかを教えてくれるゲイバーは、世界でもここだけだろ？　※世界でただ1つのモノはなんでもすごく話題になるからな。

金太郎　そうね。まずは、どんなスクールができるか考えてみるわ。昔の常連に連絡してね、クビに縄をつけてでも講師やらせてやる！

イルカ　ははは。キューキュー。それでこそ、ダイオウだな。

世界でただ1つのモノ
他にないなら、そこに行くしかない。それを買うしかない。世の中でただ1つの価値を見つければ、人は集まってくる。メソッド⑩「あるない（114ページ）」参照。

金太郎　だから女王よ…。でも、今日は来てよかったわ。いろいろ深く追求したら、すごく頭がスッキリしたし、なんだか面白いことをもう一回やれる気がしてきた！　未来が過去をつくるって、本当なのね。

イルカ　**前向きに考えるヤツだけに、前向きなアイデアは生まれるんだ。**

金太郎　確かにね。それにしても、あんたがももこに何をして、この店が繁盛したか、ようやくわかったわ。いまみたいなことを教えたのね？

イルカ　そう。伝わるメソッドって言うんだ。

金太郎　へえ。それは面白そう。こんど、ももこから教わっておくわ。

イルカ　そうだな。

金太郎　でもさ、どうして、ももこなの？

イルカ　…

金太郎　ほら、ももこがあっちで用事してるうちに言っちゃいなさいよ。

イルカ　…昔、助けられたんだ。

金太郎　昔って？　いつ頃？

イルカ　30年ぐらい前。南の島で、浜辺に打ち上げられて、死にかけた時に、塩水をかけてくれた。

金太郎　へえ…。あ、それで…塩水が好きなのね。

イルカ　その時の、ももこの小さな目と、震える手が忘れられなくてな。あいつが困った時に助けたいと思ってた。まあ、大人になっても目は小さいままだったけどな。ははは。キューキュー。

金太郎　いい話じゃない。

イルカ　もう、このあたりでいいだろ。いい話、苦手なんだ。

金太郎　ふふふ。かわいいこと言うじゃない。でもまあ、あんたがいれば、この先も、ももこは大丈夫ね。

イルカ　いや…そろそろ帰ろうと思ってる。この店も繁盛したし、ももこも大丈夫だろうから。

金太郎　え…もうちょっといなさいよ。

イルカ　そういうわけにもいかないんだ。

金太郎　そう…残念。でもそれ、ももこは、知ってるの？

イルカ　いや。知らない。

金太郎　…ま、いろいろ事情もあるんでしょうね。でも、またこっちきたら、ちゃんと寄ってやりなさいよ。ついでに、アタシの店にもね。そん時は、たぶん、繁盛してるだろうしさ。

イルカ　ああ…楽しみにしてるよ。

7月18日(水)
きょう
いるかを
たすけました。
ボクガこまったら
たすけてね。

本日のイルカ語録

未来は変えられる。
だから
過去も変えられる。

最終章　伝わる心構えのメソッド

本当に大切なことを見つける、
モノゴトの見方。

最終章　［第十話］

考えるのが苦手だったももこが、頑張って考えるようになった理由とは？

ある日から、イルカはぱったりと来なくなった。
挨拶ぐらいすればいいのに。コミュニケーションの達人が聞いて呆れる。

そして、数日後、手紙が届いた。
アタシ宛の、かわいい字の手紙だった。

伝わるメソッド⑳　なんすか力

世の中のすべての情報は鵜呑みにしちゃいけない。
どうしてなんだろう？と想像してみて、一度、深く考えなきゃいけない。
誰かが言っていたコトをそのまま信じると、
自分でも意識しないうちに嘘の情報を広める危険性がある。
気軽にボタンを押すことで、誰かを傷つける。
そんな悲しい片棒を担いではいけない。

ニュースが伝える「真実」も、本当はひとつの見方にすぎない。
それを真実だと信じると、本当の「真実」から目を背けることになるかもしれない。

だから常に自分の目で見極める力を持たなきゃいけない。

3・11の時、ほとんどのテレビや新聞が「2万人が亡くなった大きな事件」
として報道していた時に、「2万人が亡くなった1つの事件じゃなく、
1人が亡くなった事件が2万件もあった」と考えよう…と言った人がいる。
それは、小さな違いじゃなく、人間として本当に大切な視点の発見だと思う。
僕たちはそういう意識で世の中を見なければいけない。

僕らは常に、多すぎる情報に溺れず、踊らされず、
何が必要なのかを見極めて、自分の尺度でちゃんと考え、
自分の答えをちゃんと出し続けなきゃいけない。

どうして1+1=2なのか？

何をすれば友達は幸せになるのか？

恋と愛の違いは何なのか？

豊かな暮らしって何なのか？

新しいビジネスって何なのか？

考えるとはどういうことなのか？

人はどうして争うのか？

未来を幸せに変える方法はあるのか？

そもそも幸せとは何なのか？

すべての答えは、疑問から生まれてくる。

だから世の中のことに少しでも疑問を持ったら、臆せずに言おう。
それって「なんすかね？」。
恥ずかしいことじゃない。 いっぱい迷って、いっぱい考えよう。
常に「なんすかね？」という目を持っていれば、
ほんの少しでも、考えるきっかけが生まれる。
きっかけがあれば、人はもっと考える。
そしてもっと深く理解しあえる。
そしていつか世の中は素敵な方へ向かう。

なんすかね？というきっかけ。
それが、いちばん最後で、いちばん大切なメソッドだ。

わかるか？　ももこ。

イルカ

P.S. 料理はぜんぶマズかったけど、
ナポリタンと塩水だけはうまかった。じゃあ、元気で。

おわりに

世の中はいろんなアイデアで動いています。
そしてその中心にあるのは、言葉だと思います。
その言葉で、人の心を動かすアイデアを生むのがコピーライティングです。
僕は、コピーライティングは職業ではなく、技術だと思っています。
技術だからすべての仕事に応用が利くし、政治にも恋愛にも使える。
言葉が存在している世界のすべての領域で必要な技術だと思います。

実は、僕はコピーライティング学をつくりたいと思っています。
経済学や建築学は学問として確立しています。
デザインも、技術でありながら学問です。
でも、コピーはまだ学問になっていません。そこを変えたいのです。

コピーの技術は、会社の中や生活の中の「意味のない言葉」や「逆効果の言葉」をなくし、コミュニケーションをスムーズに変えることができます。言葉の技術をしっかりと身につけ、応用することができれば、世界を素敵な方向へと変えることができるかもしれません。

コミュニケーションはセンスではなく、技術です。

しかも、一部の才能ある人だけがうまく使える技術ではなく、誰でも使える技術です。「伝わるメソッド」を使えば、大切な気持ちが相手に伝わるようになります。面白いアイデアを生み出すこともできます。「伝わるメソッド」が世の中に浸透すればもっと人と人はスムーズにコミュニケーションできると思います。

それがこの本を書くきっかけでした。

僕は本書を通して、人を幸せにする言葉の技術がみなさんに伝わればいいなと思っています。「人を思い通りに動かしてやろう」という姑息な技術ではなく、幸せなコミュニケーションを生む技術です。本書を通じて、少しでも、世の中に気持ちの良いコミュニケーションが増えることを願っています。そして、この本をきっかけにして、コピーライターとなり、その技術をビジネスや社会に活かす人が、増えることを夢見ています。

最後に、この本を書くきっかけを与えていただいたアートディレクターの秋山具義さん、いくつものアイデアの種をいただいた高瀬真尚さん、サントリーの和田龍夫さん、沖中直人さん、イオンの坂本潤さん、プールの小林麻衣子さん、そして、宇宙物理学者の佐治晴夫先生。僕が悩んでいる時に力になってくれた井上博史さん、吉田和彦さん、竹田芳幸君、本書をデザインしてくれた宮内賢治君、忙しいのにも関わらず、快く本書を読んでいただき、より良くするアイデアをくれた伊坂幸太郎さんに、大きな感謝を。

それから、何年もかかった僕のトライ&エラーに付き合ってくれた宣伝会議の受講生の皆さん、他社にも関わらずプロモーションを手伝っていただいたダイヤモンド社の土江英明さん、そして、佐々木圭一君、ありがとうございました。

僕の気持ち、伝わっているかな?

コピーライター　小西利行

［メソッド索引］

さあ、あなたもこの20のメソッドを使って、
仕事を、恋愛を、暮らしを、劇的に変えてください。

メソッド① だけしか 29

言葉を限定すると、「普通のモノ」が「欲しいモノ」に変わる。

メソッド② 選ばれてマス 38

心を動かす魔法の言葉。これ、みなさん、選んでますよ。

メソッド③ 共感図 57

自分の思いと相手の思いが交わる点に、伝わる言葉がある。

メソッド④　アゲサゲ 62

最初にムリめな要求をすれば、本当の要求はすんなり通る。

メソッド⑤　ごほうび 68

メリットが想像できれば、相手は自分から喜んで動いてくれる。

メソッド⑥　ゲーム化 74

人は競うと負けたくない。たとえ嫌なことでも積極的になる。

メソッド⑦　喜怒哀楽 82

喜怒哀楽、嫌気、恐怖、快感。答えは相手の感情の中にある。

メソッド⑧　続きはあとで 99

「興味喚起→答え」という流れで話せば、人は飽きない。

メソッド⑨　ひとコマ目標　112

目標を「絵と台詞」にすると、アイデアが出しやすくなる。

メソッド⑩　あるない　114

ある⇕ないで考えれば、独自のモノゴトが生み出せる。

メソッド⑪　プラス新しい　135

「新しい」をつけるだけで、いつもの１００倍考えやすくなる。

メソッド⑫　ひらめきスロット　138

この方法を知れば、いいアイデアがどんどんつくれる、アイデアの公式。

メソッド⑬　イメチェン　152

名前を変えれば、イメージが変わる。愛される。喜ばれる。売れる。

メソッド⑭ カンタン解 169
世の中の「ムズカシイ」を「カンタン」にすると新しいビジネスになる。

メソッド⑮ なりきり 179
相手の立場ならどうするかを思うだけで、本当に大切なことが見える。

メソッド⑯ スリーポイント 201
誰でも、たった3ステップで、「伝わる言葉」が書けるようになる。

メソッド⑰ ムリヤリルール 211
自由な方が考えやすいなんて大ウソ。ルールがある方が考えやすい。

メソッド⑱ 永久指標 215
ブレない指標が、チームのモチベーションとパフォーマンスを上げる。

メソッド⑲　なぜなぜ？　226

疑問をどんどん重ねていくと、本当の課題や解決策が見つかる。

メソッド⑳　なんすか力　239

必要なのは、世の中の情報を鵜呑みせず、自分でちゃんと判断する力。

参考文献／参考映像

『清らかな厭世―言葉を失くした日本人へ』　阿久悠（新潮社）

『売る力　心をつかむ仕事術』　鈴木敏文（文藝春秋）

『トヨタが「現場」でずっとくり返してきた言葉』　若松義人（PHP研究所）

『伝え方が9割』　佐々木圭一（ダイヤモンド社）

～未来が過去をつくる～
　DR.HARUO SAJI WORK SHOP（2011年1月）から着想

～1人が死んだ事件が2万件もあった～
　ビートたけし　週刊ポスト「21世紀毒談特別編」より抜粋

～ルールをつくる方が考えやすい～
　高瀬真尚　宣伝会議コピーライター養成講座から着想

～派手すぎないカラージーンズ～
　イオンから発売されたカラージーンズの広告で筆者が開発した言葉

～IT'S A BEAUTIFUL DAY AND I CAN'T SEE IT.～
（今日はこんなにも素晴らしい日なのに、私はそれを見ることが出来ません）
　purplefeather "the Power of Words"より

この物語はフィクションであり、実在の人物及び団体とは一切関係ありません。

イラスト／カズモトトモミ

装幀・本文デザイン／宮内賢治

伝わっているか？

発行日　2014年6月9日

著　者　小西利行

発行人　東 英弥

発行元　株式会社宣伝会議

〒107-8550

東京都港区南青山5-2-1

電話：03-6418-3320（販売）

　　　03-6418-3326（編集）

印刷・製本　中央精版印刷株式会社

ISBN978-4-88335-304-0　C0030